LOST™

ESPÈCES MENACÉES

DANS LA MÊME SÉRIE

1. *Espèces menacées* Cathy Hapka

LOST™

ESPÈCES MENACÉES

CATHY HAPKA

Roman inspiré de la série
créée par Jeffrey Lieber et J.J. Abrams
& Damon Lindelof

Fleuve Noir

Titre original :
LOST : Endangered Species

Traduit de l'anglais
par Thibaut Ferté

En exclusivité sur

TF1

Originally published in the United States and Canada by Hyperion as **LOST: ENDANGERED SPECIES**. This translated edition published by arrangement with Hyperion.

ISBN : 2-265-08315-1

1

Faith[1] sentait ses paupières lourdes, comme si le sommeil les avait soudées. Elle reprenait peu à peu conscience, mais se tint immobile, couchée sur le dos, les yeux clos, figée par le sentiment diffus que quelque chose de terrible venait juste de se produire. Pourquoi ne pouvait-elle jamais se souvenir de ses rêves ? Ils s'évanouissaient à l'instant même où elle ouvrait les yeux, ou bien s'éloignaient juste assez pour qu'elle ne pût les atteindre à nouveau, ne laissant derrière eux que des bribes confuses ou des humeurs capricieuses… Elle avait beau se raccrocher à ces détails, ses songes finissaient toujours par s'évanouir.

Sentant un objet pointu dans son dos, Faith se tourna sur le côté. Elle fut surprise de ne pas entendre le grincement familier des vieux ressorts de son sommier, mais le bruissement souple d'un lit de brindilles et de feuilles.

Elle ouvrit les yeux et fut assaillie par un éclair de lumière, rouge, vert, turquoise et brun : les plumes colorées d'un oiseau, traversant le ciel avec fracas.

Son cœur s'emballa. Etait-elle toujours en train de rêver ? Ou bien s'agissait-il vraiment d'un… ?

1. En anglais, *faith* signifie « confiance » ou « foi ». *(N.d.T.)*

Un cri strident interrompit le cours de ses pensées. Pas d'erreur possible, parmi d'autres sons qu'elle ne pût reconnaître, c'étaient bien des cris de détresse qu'elle distinguait – des hurlements, des pleurs, des appels au secours rauques et désespérés. Son cerveau se bloqua un instant, incapable d'assimiler les informations invraisemblables qu'il recevait.

Où se trouvait-elle ?

Puis, brusquement, tout lui revint à l'esprit : l'avion ! Elle fut parcourue d'un frisson. Les images de l'accident défilèrent devant ses yeux : les turbulences violentes, le rugissement des moteurs luttant contre la chute, un masque à oxygène surgissant devant elle, comme un tentacule en plastique, les trous d'air happant l'avion vers le sol encore et encore, et son estomac malmené par ces insoutenables montagnes russes.

Ensuite ? Faith ne se souvenait de rien. Et maintenant ?

Elle devait se ressaisir. Sans remarquer l'éclat de rocher qui s'était enfoncé dans la paume de sa main, elle se releva. Son corps tout entier lui faisait mal, elle se révélait incapable de coordonner ses mouvements. Dans sa tête, tout était confus. Elle ressentait un étrange vertige, comme si tout son être menaçait de sombrer dans la panique.

Elle se trouvait seule, dans une sorte de clairière au milieu de la jungle, écrasée par le soleil. Autour d'elle, des plantes grimpantes luxuriantes s'enroulaient autour d'étranges arbres tropicaux aux troncs élancés. De grandes palmes s'élevaient vers le ciel, ondulant dans la brise humide. Un parfum sucré conduisit son regard jusqu'à un buisson de fleurs tropicales, unique touche colorée contrastant avec le vert alentour.

C'était magnifique – presque trop beau – comme ces

tableaux aux teintes vives et peu naturelles, ou bien ces rêves trop éclatants pour être confondus avec la réalité. Le murmure des feuilles couvrait les cris de détresse et se mêlait, en un grondement distordu et irréel, au sifflement mécanique qu'elle supposa provenir des moteurs de l'appareil à l'agonie.

Faith s'appuya contre un tronc d'arbre. Ses jambes tremblantes ne la portaient plus. Elle respira profondément : ce simple réflexe lui permettait parfois de ne pas céder complètement à la panique – inspirer, expirer, inspirer, expirer.

C'est alors qu'elle surprit un mouvement, du coin de l'œil. Elle tourna la tête et tomba nez à nez avec un serpent vert émeraude de cinquante centimètres qui la fixait de ses pupilles en ellipse. Sa langue fourchue sifflait dans l'air.

Morelia viridis, pensa-t-elle, en identifiant l'animal qui s'éloignait déjà, ondulant gracieusement le long d'une branche.

Elle se sentit soudain plus calme et rassurée. Cette rencontre lui avait fait l'effet d'un visage familier que l'on reconnaît dans une pièce remplie d'inconnus. Le serpent disparut dans les feuillages et Faith reprit ses exercices de respiration en se demandant ce qu'elle devait faire désormais.

Sentant une douleur lancinante à la jambe, elle songea pour la première fois à inspecter ses blessures. Sa jupe préférée était déchirée sur une couture, jusqu'à mi-hauteur, son chemisier maculé de boue et de crasse, et ses chaussures avaient disparu. Elle avait les bras couverts d'égratignures et une entaille assez vilaine d'aspect – la douleur qu'elle avait d'abord sentie venait de là – au tibia gauche. Mais c'était tout, et donc bien peu étant donné les circonstances.

Hallucinant, pensa-t-elle en levant les yeux vers un coin de ciel qui perçait entre les cimes des arbres. Le pilote avait-il tenté un atterrissage d'urgence dans cette jungle ? Et comment, dans ce cas, s'était-elle retrouvée ici, complètement seule ?

Réfléchir exigeait bien trop d'efforts pour le moment, elle remit à plus tard toutes ces questions. Elle jeta un regard en direction de ce qui lui semblait être la source du vacarme. Les battements de son cœur s'accélérèrent lorsqu'elle reconnut la voix d'une femme hurlant d'effroi. Comme à chaque fois qu'elle entendait un appel au secours, son premier réflexe fut de courir vers elle et de faire tout son possible pour la sauver du danger qui la menaçait.

Pourtant, cette fois, elle resta un long moment immobile, figée, contre le tronc d'arbre. Ses neurones semblaient à peine plus vifs qu'un serpent émergeant d'une longue période d'hibernation. Au fond d'elle, elle reconnaissait cette sensation qui l'avait accompagnée durant les épisodes les plus stressants de son existence. Sa sœur appelait ça les phases « si seulement » de Faith. *Si seulement* ce n'était pas en train de se produire. *Si seulement* elle pouvait remonter le temps et tout changer. Si seulement…

Quelque part au loin, un oiseau laissa échapper un pépiement aigu qui tira Faith de sa stupeur. Ce n'était pas le moment de se perdre dans ces supputations qui – de toute façon – ne lui avaient jamais fait aucun bien ; elles aggravaient plutôt les choses, en général. S'il lui fallait retenir quelque chose de positif de son voyage en Australie, c'était bien cela.

Son esprit se remit à fonctionner normalement et il lui sembla dès lors évident qu'elle devait se diriger vers les cris, découvrir ce qui se passait et offrir son aide, si nécessaire. Elle évalua rapidement la direction à prendre et quitta enfin la clairière pour s'enfoncer dans la végétation.

Une brindille craqua bruyamment derrière elle, résonnant comme un coup de feu. Faith se retourna, surprise et inquiète. Debout dans l'ombre tachetée d'un grand arbre, à quelques pas derrière elle, Faith distingua une grande et mince jeune femme aux longs cheveux châtains, qui lui tournait le dos. Elle portait un pantalon brun et une chemise de coton blanc.

— Hé, salut ! lança Faith.

L'inconnue jeta un regard par-dessus son épaule, visiblement aussi décontenancée que Faith par cette rencontre. Elle ne répondit pas mais s'immobilisa. Son visage était couvert de poussière et des gouttes de sueur perlaient sur son front. Elle devait avoir son âge, arborait des pommettes hautes et un regard lumineux.

— Salut, finit-elle par dire, d'une voix tremblante.

Faith remarqua que la jeune femme, toujours de dos, se tenait bizarrement penchée en avant. Elle se demanda si elle avait un bras cassé, ou si elle était blessée au ventre.

— Vous avez besoin d'aide ? Vous êtes blessée ? demanda-t-elle.

— Ça va, je vais bien.

Faith fit un pas en avant, s'attendant à ce que l'inconnue se tourne vers elle, mais elle ne bougea pas et continua à la dévisager par-dessus son épaule. En temps normal, Faith aurait tenu compte de ce geste de défense et reculé, mais jusqu'ici, rien n'avait été normal…

— Où sont les autres ? demanda-t-elle en avançant à nouveau. L'avion, étiez-vous dans l'avion ?

La deuxième question lui parut stupide à la seconde

même où elle la prononça. D'où aurait bien pu sortir cette femme ?

Mais l'inconnue ne sembla pas s'en étonner.

— La plage, répondit-elle simplement en pointant le menton vers la droite. Les autres sont sur la plage.

Faith regarda dans la direction indiquée et aperçut entre les branches un morceau de ciel bleu et l'océan à l'horizon.

— Merci. Nous devrions peut-être…

La jeune femme avait disparu.

Faith se demanda un instant si cette rencontre mystérieuse n'avait pas été simplement le fruit de son imagination. Pourquoi donc disparaissait-elle ainsi à la première occasion ? Pourquoi ne pas s'être retournée pour lui faire face ? Que signifiait cette curieuse expression sur son visage ?

Persuadée que la réponse à ces questions et à tant d'autres se trouvait sur la plage, Faith s'y dirigea d'un pas pressé. Elle dut éviter des branches d'arbres couvertes d'épines, plonger dans des essaims grouillants de moustiques, se frayer un chemin au milieu de buissons ruisselant d'humidité. Lorsqu'elle atteignit enfin le sable, elle suait à grosses gouttes, les pieds meurtris par les branches et les pierres sur lesquelles elle avait dû marcher.

Mais tout fut balayé dès l'instant où elle souleva le dernier branchage la séparant de la plage.

Devant elle, d'énormes pièces de métal s'étalaient le long d'une large tranchée creusée dans le sol – des morceaux irréguliers de carcasse d'avion jetés ici et là, comme tordus rageusement par un géant en colère. Plusieurs fragments brûlaient encore, dégageant une fumée nauséabonde. Des débris couvraient le sable blanc aussi loin que l'œil portait. L'une des deux énormes ailes se détachait dans le bleu du ciel, au-dessus des têtes. La fumée, les émanations toxiques et le feu emplissaient l'air et brûlaient les yeux.

L'avion s'était écrasé. Il n'avait pas atterri comme Faith l'avait supposé, mais volé en éclats, juste ici, sur cette plage. Elle fixa la scène un instant, essayant de comprendre.

D'autres personnes évoluaient dans ce cadre – beaucoup d'autres. Elles s'éloignaient des flammes en titubant, s'entraidant dans leur retraite vers un lieu sûr. Certaines couraient de part en part, paniquées, ou bien assises, prostrées, psalmodiaient désespérément le nom des absents.

Et d'autres enfin, ne bougeaient plus du tout.

Faith, submergée par l'émotion, sentit sa gorge se nouer. C'était comme une version plus forte, plus crue de ce qu'elle avait ressenti lors de ces fameuses manifestations improvisées, devant le Convention Center[1] de Sydney…

1. Palais des Congrès. *(N.d.T.)*

2

« Non ! Non ! Au traître, dis-lui non ! »

En s'engageant dans University Avenue, Faith, surprise, marqua un temps d'arrêt à la vue des manifestants. Ils devaient être une trentaine, réunis devant le bâtiment des sciences. Ils gesticulaient, brandissaient les poings et scandaient leurs slogans. C'était un bel après-midi ensoleillé comme on en voit souvent dans le Midwest, et il y avait du monde dans la rue. Pourtant, rares étaient ceux qui, sur le chemin du travail ou des cours, jetaient un regard vers le petit attroupement. Deux agents de sécurité du campus adossés aux tubes d'acier du garage à vélos, à l'entrée de l'immeuble, faisaient tournoyer paresseusement leur matraque dans les airs et observaient le rassemblement d'un œil amusé.

Faith fit un pas en avant. Elle se demandait ce qui avait bien pu lui échapper. Trop occupée par la dernière série d'expériences nécessaire à sa thèse, elle n'avait pas pris le temps de lire le journal du campus depuis au moins deux semaines.

Les T-shirts ou les badges que portaient certains manifestants aiguisèrent sa curiosité : ils étaient frappés du logo d'un groupe de défense de l'environnement du campus. Depuis l'enfance, Faith était passionnée par les questions écologiques. Mais elle avait toujours été bien trop timorée – ou ces derniers temps, trop occupée par ses études – pour descendre dans la rue comme le faisaient ces gens.

Ce n'était de toute façon pas le moment de satisfaire sa curiosité. Aujourd'hui, elle avait accordé plus de temps que d'habitude aux cours particuliers qu'elle dispensait aux élèves de première année et elle était en retard à son rendez-vous avec son tuteur, le Docteur Luis Arreglo. Elle savait qu'il ne s'en formaliserait pas, mais elle n'aimait pas le faire attendre pour autant.

Elle se dirigea vers l'entrée du bâtiment, s'efforçant du mieux qu'elle pût d'ignorer les manifestants. Certains brandissaient des pancartes clamant : « ARREGLO DOIT PARTIR ! » L'un d'entre eux avait même assez grossièrement dessiné une tête de mort sur la sienne.

Faith sursauta. Son esprit lui jouait sans doute des tours. Elle se savait épuisée par de longues heures penchée sur le microscope. Car qui pouvait bien s'en prendre au Docteur Arreglo ? Il était l'un des professeurs les plus populaires du département de biologie. Et c'était d'ailleurs avant tout pour cette raison que Faith avait voulu faire sa thèse de doctorat dans cette université. Le brillant biologiste, le champion des causes environnementales, l'idole de son enfance jouissait encore d'une aura particulière à ses yeux et l'impressionnait toujours autant, même si elle le voyait régulièrement depuis plus d'un an.

Elle serra instinctivement les livres qu'elle tenait contre sa poitrine, baissa la tête et se prépara à forcer le passage. Peu importait ce qu'elle voyait, elle était persuadée que le Docteur Arreglo saurait tout lui expliquer dès qu'elle le rejoindrait.

Elle atteignait presque les marches de l'immeuble, lorsqu'un jeune homme s'interposa. Manquant presque de lui rentrer dedans, elle s'arrêta et leva les yeux vers lui.

Il la fixa intensément. Il était un peu plus grand qu'elle, mais sans doute d'un ou deux ans son cadet. Il avait les cheveux noirs en bataille et des yeux d'un bleu profond, son visage au teint pâle était dominé par un grand nez aquilin. Il portait sur l'épaule, avec désinvolture, une pancarte sur laquelle on pouvait lire : « ARREGLO = MORT »

— Excusez-moi, murmura-t-elle timidement, en faisant un pas de côté pour l'éviter.

Il lui bloquait le passage de son corps efflanqué.

— Hé, où comptes-tu aller comme ça, jolie princesse ?

Ses manières la choquaient mais elle s'efforça de répondre poliment.

— A l'intérieur, enfin j'essaye. J'ai rendez-vous.

— Tu n'aurais pas rendez-vous avec le diable par hasard ?

Il pencha la tête, l'air perplexe.

— Tu as l'air trop futé pour ça, mon cœur.

— J'ai rendez-vous avec le Docteur Arreglo, si vous voulez tous savoir.

— Arreglo, prononça le jeune homme du bout des lèvres, comme si ce nom lui brûlait la langue. Alors tu es *l'une des leurs*. Une salope d'anti-écolo, à la solde des capitalistes.

Elle aurait pu l'ignorer, lui tourner le dos, s'éloigner. Mais l'envie de se défendre était trop grande.

— Faux ! Je suis aussi écologiste que vous tous ici. Tout comme le Docteur Arreglo d'ailleurs. Vous ne savez donc rien à son sujet ? Cela fait plus de trente ans qu'il s'est fait l'avocat des causes environnementales.

Le jeune homme secoua la tête avec tristesse.

— Hélas, mon cœur, les choses ont bien changé… Tu n'es donc pas au courant ?

Faith savait bien qu'elle pouvait encore s'échapper. Pourquoi donc perdrait-elle son temps à écouter les délires d'un illuminé ? Mais elle était bien trop curieuse, et de toute évidence, il n'attendait qu'un mot d'elle pour tout lui apprendre.

— Que voulez-vous dire ? demanda-t-elle timidement.

Le jeune homme haussa les épaules.

— On savait tous qu'on ne pouvait pas vraiment faire confiance au Docteur Arreglo. Il mettait toujours un peu trop d'entrain à vendre ses convictions au plus offrant, tu sais. Mais cette fois… Il a passé un marché avec Q Corp et défend leur projet totalement scandaleux en Amérique du Sud. Eh bien, Arreglo a trouvé que construire une usine chimique au beau milieu d'une forêt équatoriale ne manquait pas d'intérêt. Et il ne s'est pas seulement contenté de retirer les objections formelles qu'il avait déposées auprès des autorités locales, il a carrément décidé de soutenir officiellement le projet. Il a promis de faire tout son possible pour accélérer la construction de cette usine à gaz.

— J'ai bien peur que vous ne fassiez erreur, rétorqua Faith.

Elle avait bien sûr entendu parler de Q Corp, comme tout le monde. La multinationale devait se trouver au premier rang de n'importe quel classement publié dernièrement sur les entreprises les plus polluantes.

— Le Docteur Arreglo n'aurait jamais fait une chose pareille, continua-t-elle. C'est exactement le genre de projet contre lequel il s'est toujours dressé. D'ailleurs, je crois me souvenir d'avoir discuté avec lui de ce dossier explosif, il y a quelque temps. Il trouvait évidemment qu'il s'agissait d'une très mauvaise idée.

— Une mauvaise idée ? répéta-t-il. C'est ainsi qu'Arreglo nomme le massacre de milliers d'innocentes créatures ? Le pillage d'un morceau de nature préservée ? Une *mauvaise idée* ?

Il aboya d'un bref rire forcé. Faith secoua la tête.

— Je le connais, il n'est vraiment pas comme ça, insista-t-elle. Il a bien trop conscience de la fragilité de l'écosystème pour le mettre en danger en passant ce genre de marché.

— C'était peut-être vrai par le passé – ou peut-être pas. Mais le problème n'est pas là. Cette fois-ci, il l'a fait…

Le jeune homme avait l'air si sûr de ce qu'il avançait que Faith n'osa plus le contredire. Et puis il fallait vraiment qu'elle aille à son rendez-vous. Elle se contenta de conclure avec diplomatie que pour agir de la sorte, le Docteur possédait sans doute de bonnes raisons.

— C'est donc ça, insista le jeune homme en levant les yeux au ciel. Tu es plutôt de *ceux-là*. Ceux qui pensent que sauver la planète, c'est bien, tant que ça ne nuit pas aux affaires. Hein ? Eh bien si tu veux mon avis, il n'y a pas de bonnes raisons de pactiser avec le diable. A moins de devenir le diable lui-même.

— Si vous le dites, conclut-elle en tentant de s'éloigner.

Il était évident que cette conversation stérile ne mènerait nulle part et elle n'avait vraiment pas de temps à perdre.

Il lui agrippa le bras pour l'en empêcher et se pencha sur elle. Ses doigts s'enfonçaient dans sa chair et lui faisaient mal.

— Réfléchis bien, princesse. En matière d'environnement, chaque compromis est une catastrophe. Cette histoire constitue un sérieux revers. A cause de la faiblesse d'un homme, des milliers de créatures innocentes du Bassin de Vibora vont mourir. Oiseaux, poissons, serpents…

En entendant les mots *Bassin de Vibora* et *serpents*, elle stoppa net son effort pour se dégager de cette étreinte. La conversation qu'elle avait eue avec Arreglo lui revenait soudain.

Un mois auparavant, alors que les médias s'emparaient à peine de la nouvelle, Arreglo lui en avait parlé lors de l'une de leurs rencontres. Il connaissait la passion de Faith pour les serpents. Sept espèces particulièrement vulnérables vivaient dans le Bassin de Vibora, l'un des derniers grands territoires préservés de leur habitat. Si ce que ce jeune manifestant affirmait était vrai, cet espace serait certainement détruit, condamnant ces espèces à l'extinction.

— Attends, tu es sûr de ça ? Parce que…

— Hé !

Avant même que Faith eût pu finir sa phrase, une fille un peu forte vêtue d'un poncho vert se précipita sur elle, suivie d'un petit essaim de manifestants.

— C'est qui, elle ? Elle appartient aussi à la garde rapprochée d'Arreglo ?

Sa voix était hostile et passionnée, comme si elle n'attendait qu'une chose : l'engagement de Faith dans un combat au corps à corps. Cette dernière jaugea la fille, puis son escorte, le cœur battant la chamade. Elle détestait les situations d'affrontement, surtout au sein d'un groupe.

— Du calme, les gars, lança le jeune homme aux cheveux bruns en faisant face aux nouveaux venus.

Laissez-la tranquille, d'accord ? Allez, fichez le camp. Je suis sérieux.

Tandis que les autres se dispersaient, Faith sourit faiblement à l'inconnu. Elle lui était reconnaissante d'avoir pris sa défense, mais elle ne pouvait s'empêcher de penser à ce qu'elle venait d'entendre à propos de son tuteur.

— Va à ton rendez-vous, princesse, dit-il en s'écartant pour la laisser passer. Parles-en avec Arreglo, et tu te feras une idée par toi-même.

Faith ne savait quoi dire, elle s'éloigna sans un mot. Elle pénétra dans le vaste hall d'entrée de l'immeuble, se dirigea vers l'ascenseur, un peu secouée par ce qu'elle venait de vivre. Et puis un parfait inconnu l'avait appelée « jolie princesse », pour la première fois de sa vie. Bien sûr, ce genre de choses arrivait à Gayle tous les jours. Mais Faith n'était que rarement complimentée sur son apparence, même si on lui répétait souvent qu'elle aurait pu être la grande sœur de Gayle. Elle s'était habituée à l'entendre, et n'y prêtait guère plus attention désormais.

Elle rougit presque en se remémorant le bleu intense des yeux du jeune homme aux cheveux noirs. Son regard avait plongé en elle, sans jamais ciller. Comme une vipère concentrée sur sa proie… Elle avait beau être passionnée par toutes ces questions environnementales, elle se sentait parfaitement incapable de l'imiter : manifester, crier, brandir des banderoles, discuter de ses idées avec des inconnus… Elle l'enviait un peu pour sa confiance et sa fougue.

— Salut, trésor.

La secrétaire du Docteur, une femme d'une quarantaine d'années aux cheveux auburn prénommée Candace, l'accueillit avec chaleur.

— Tu es bien pâle, ma petite Faith. Ce sont les fêlés dehors qui t'ont mis dans cet état ?

— Ça fait longtemps qu'ils sont là ? demanda Faith.

— Toute cette foutue journée ! gloussa Candace. Z'étaient déjà là quand je suis rentrée de déjeuner et Moira de chez le Docteur Zale leur a envoyé son sac à la figure pour qu'ils la laissent passer.

Faith esquissa un sourire. Elle enviait souvent l'aplomb de Candace ou de Moira, de toutes ces femmes qu'elle avait pu croiser et qui ne reculaient devant rien, n'hésitaient pas à dire ce qu'elles pensaient, qu'on fût disposé à les entendre ou non.

— Enfin bref, le patron t'attend, lança Candace en se replongeant dans ses papiers. L'a dit de te faire entrer quand t'arriverais.

— Merci.

Faith franchit la porte de verre dépoli qui marquait l'entrée du sanctuaire du Docteur.

Quand il l'entendit entrer, Arreglo leva la tête au-dessus du fouillis de son bureau et lui adressa un sourire sous sa barbe poivre et sel.

— Ah, Faith ! Vous voilà, ma chère, lança-t-il. Je commençais à m'inquiéter.

Il gardait ce léger accent dont il ne s'était jamais débarrassé, malgré trente années de vie passées aux Etats-Unis.

— Désolée pour le retard.

Faith se glissa sur la chaise des visiteurs.

— Je, heu... les manifestants, à l'entrée, m'ont retenue.

— Ah, soupira Arreglo.

Il croisa doucement ses mains devant lui, faisant bruire les manches de sa veste en tweed contre le bureau.

— Oui, ils m'ont l'air bien fâchés après moi. Ils ne

semblent pas vraiment apprécier que je change d'avis à propos du Bassin de Vibora.

Faith ouvrit grand les yeux, incrédule.

— Alors c'est donc vrai ? laissa-t-elle échapper, dépitée. Vous avez vraiment accepté ce marché avec Q Corp ?

Elle se rendit compte qu'elle s'était attendue à ce qu'il éclatât de rire et lui assurât que les manifestants étaient fous.

— On peut dire ça, oui, reconnut-il, s'enfonçant dans son fauteuil, se caressant la barbe d'un air pensif. Après mûre réflexion, j'en suis arrivé à la conclusion que c'était la seule solution pour faire des progrès avec cette entreprise.

— Mais… mais les serpents ? Et tous ces animaux ? Tout le monde sait bien que l'écosystème est fragile là-bas…

Faith s'aperçut qu'elle bredouillait mais ce qu'elle apprenait la mettait dans un tel état qu'elle ne maîtrisait plus ses nerfs.

Arreglo soupira à nouveau.

— Je comprends votre surprise, ma chère, je suis moi-même un peu choqué, vous savez. Mais certains compromis sont parfois nécessaires pour avancer. Il faut assumer des décisions dont on ne se serait jamais cru capable. C'est le seul moyen de changer le monde, vous comprenez ?

Faith le fixait, atterrée.

— Non, s'étouffa-t-elle, je… je ne comprends pas.

— C'est un problème complexe, je dois l'avouer, fit Arreglo avec lassitude. Malheureusement, il est trop tard désormais, nous ne pouvons plus changer le cours des événements, même si nous le désirons ardemment. Nous n'avons plus d'autre choix que d'avancer et de servir nos principes avec pragmatisme.

— Plus d'autre choix ? Mais nous l'avons toujours ! Vous pourriez choisir de poursuivre le combat, non ?

— Oui, je pourrais, répondit Arreglo en se frottant la barbe. Mais comme l'a dit Einstein, la folie consiste à faire et refaire encore la même expérience en espérant que le résultat diffère. Si les méthodes habituelles ne fonctionnent plus, il faut en trouver de nouvelles.

— Vous voulez dire en massacrant tout un écosystème ?

Faith serrait si fort les poings que ses ongles s'enfonçaient dans sa peau.

— La planète entière est un écosystème, Faith, j'essaie d'envisager la question dans sa globalité et de maximiser l'étendue de mon influence.

Faith ouvrit la bouche. Elle essayait de trouver les mots pour le convaincre de sa grave erreur. Mais elle restait sans voix. Arreglo l'impressionnait toujours autant, et elle avait du mal à le contredire.

Et puis pourquoi devrait-elle le faire changer d'avis ? Après tout, il était censé savoir comment marchait le monde, lui, et ce qu'il fallait faire pour l'améliorer. Le Docteur Arreglo était l'une des deux seules personnes – avec sa sœur – à qui Faith faisait confiance pour se faire une idée sur la nature, la science ou le conservatisme. Mais voilà qu'il contredisait l'intégralité de son enseignement, sans même s'en rendre compte.

Son esprit fut submergé par l'atroce vision de poissons, de grenouilles, de serpents s'étouffant dans une mare putride de produits chimiques. Elle sentait l'émotion tourbillonner en elle, menaçant de la submerger. Ce n'était pas bon. Son univers entier venait juste de basculer sur son axe ; elle avait besoin d'un peu de temps pour digérer ça.

— Je dois y aller, je suis désolée.

Elle recula brusquement, se leva et rassembla ses livres, sans oser croiser le regard du professeur.

— Oh mon Dieu, souffla Arreglo visiblement inquiet. J'espère que je ne vous ai pas trop perturbée, Faith. J'aimerais vous reparler de tout ça, plus tard. Quand voulez-vous que nous nous revoyions ?

La réponse était sur ses lèvres avant même qu'elle eût pu s'en rendre compte.

— Jamais.

Elle s'étouffa. Des larmes roulaient sur ses joues qu'elle ne pouvait retenir : la honte s'ajoutait à la tornade de colère et de consternation qui lui tournait la tête.

— Je veux dire : je ferais peut-être mieux de demander à changer de maître de recherche.

— Faith, j'espère que vous n'êtes pas sérieuse ! J'étais si content de votre travail. Vous êtes une excellente élève, et d'ores et déjà un brillant chercheur. Je n'aime pas perdre de bons éléments. S'il vous plaît, discutons-en…

— Non, je ne préfère pas, marmonna-t-elle en se retournant si précipitamment qu'elle se cogna au pied de sa chaise.

Elle gémit de douleur et manqua de se rasseoir aussi vite.

Mais elle résista. Elle se connaissait suffisamment pour savoir qu'elle devait partir d'ici le plus vite possible si elle voulait s'en tenir à sa décision. Sinon, elle céderait trop facilement aux gentils propos un peu paternalistes du Docteur.

Elle avança vers la porte en trébuchant, aveuglée par ses larmes, gênée par son orteil douloureux.

— Au revoir, murmura-t-elle si doucement qu'elle était sûre qu'il ne l'avait pas entendue.

Faith passa en trombe devant une Candace interloquée, et se dirigea vers les escaliers. Elle ne voulait pas attendre le vieil ascenseur grinçant. Elle se sentait trahie, perdue, triste et n'était même pas sûre d'avoir pris la bonne décision. Elle pouvait presque entendre la voix de sa sœur la gronder doucement : *Oh, Faith, ton cerveau fonctionne tellement bien – pourquoi dois-tu toujours te servir de ton cœur à la place ?*

Elle fit une pause entre deux étages, respira profondément en fixant le mur de ciment. *Pourquoi donc faisait-il une chose pareille ?* se demanda-t-elle avec tristesse. Pour la troisième fois de sa vie, elle avait l'impression que son univers venait de s'effondrer. Et même si les deux premières fois avaient été bien plus pénibles, ce moment n'en était pas plus agréable pour autant. Elle ferma les yeux un bref instant. Tout au long de sa vie d'adulte, elle avait été persuadée qu'elle portait le même regard sur le monde qu'Arreglo…

Dehors, les manifestants campaient sur leurs positions. Ils scandaient un slogan qui parlait de poissons et de profits, mais Faith les entendait à peine. Son regard croisa immédiatement celui du jeune homme aux cheveux noirs, près des marches, qui tenait encore sa pancarte sur l'épaule. Elle se prépara à ce qu'il vînt vers elle avec un sourire satisfait. *Je te l'avais bien dit.*

Bien au contraire, lorsqu'il la vit en pleurs, son regard se ferma.

— Je suis désolé, mon cœur, murmura-t-il avec compassion.

— Tu avais raison, admit-elle en retenant un nouveau sanglot.

Il sourit légèrement et s'approcha un peu plus.

— Je m'appelle Oscar.

3

Faith quitta l'ombre des arbres et s'aventura sur la plage. Le sable était brûlant sous ses pieds nus, mais elle le sentait à peine. Elle était fascinée par la scène terrible qui avait lieu sous ses yeux.

A quelques pas de là, une femme sanglotait. Elle serrait contre elle le coussin d'un siège de l'avion. Un peu plus bas, Faith vit un homme ensanglanté qu'on aidait à s'extraire d'un fragment de fuselage en feu. A droite, un homme d'origine asiatique, au regard anxieux, criait quelque chose qu'elle ne comprit pas…

Tant de souffrance. Faith avait de la peine à supporter une telle vision ; elle devait absolument se rendre utile. Pourtant, elle restait là, paralysée, ne sachant par où commencer, ni même si quelqu'un avait vraiment besoin d'elle. Elle continuait de balayer des yeux alentour, avec la nette impression d'être inutile et embarrassée.

Ce n'est pas en cédant à la timidité que l'on fait ce que l'on a à faire. La voix de sa sœur… Gayle avait dû lui répéter ça des millions de fois lorsqu'elle était adolescente. *Parfois, ma chérie, il faut savoir se jeter à l'eau.*

Une soudaine explosion la tira de sa rêverie, trop éloignée pour la menacer directement. Mais elle fit un bond en arrière malgré tout, par réflexe, et se protégea les yeux. Un énorme amas de métal informe s'était embrasé. Des débris avaient été projetés partout, tombant en pluie furieuse sur ceux qui ne s'étaient pas suffisamment éloignés.

— Hé, toi là ! Jeune fille ! Rien de cassé ?

Faith se retourna et aperçut un homme d'une quarantaine d'années, à la carrure solide, qui s'approchait d'elle au pas de course. Un nuage de fumée passa, et se mêla étrangement aux traits de cet homme. L'espace d'une seconde, Faith crut reconnaître un visage familier. Elle le dévisagea avec stupéfaction. Mais la brise de l'océan dispersa le nuage aussi vite et l'illusion disparut aussitôt.

L'homme avait l'air inquiet.

— Hé, ça va? répéta-t-il en la dévisageant. On devrait p't'être t'éloigner de tous ces gaz, non ? Viens avec moi, Miss.

Il enroula son bras autour de son épaule et la conduisit un peu plus haut sur la plage. Quand ils atteignirent l'ombre d'un bosquet de bambous, elle avait retrouvé l'usage de la parole.

— Dé... Désolée, balbutia-t-elle, en réalisant qu'il l'avait probablement crue blessée ou en état de choc. Je suis désolée de vous avoir dévisagé comme ça. Je vais bien. C'est juste... L'espace d'un instant, je vous ai pris pour quelqu'un que je connais. Mon ancien tuteur de thèse.

— De thèse ?

L'homme sourit tristement, en passant une main dans ses cheveux noirs couverts de suie et de graisse, et dévoila une calvitie naissante.

— Pardon, mais je suis pas vraiment du genre intellectuel moi. A peine réussi à finir le lycée... Mais je dois t'avouer, qu'à moi aussi, tu me rappelles vaguement quelqu'un.

L'étranger assumait son personnage avec un aplomb qui mit immédiatement Faith à l'aise, malgré les circonstances. Son visage carré était couvert de sueur, de poussière et de cendres ; il avait deux entailles profondes sur le menton et une vilaine blessure à l'oreille gauche. Maintenant qu'elle le voyait de plus près, elle trouvait qu'il ressemblait à Arreglo autant qu'un bœuf de campagne pouvait ressembler à un chat d'appartement.

A cet instant, un débris d'avion émit un craquement sonore et l'homme tourna la tête vers la carlingue.

— Ecoute, moi c'est George. Si tu es sûre que tout va bien, on devrait peut-être retourner là-bas, voir si on peut aider.

— Je m'appelle Faith. Dites-moi juste ce que je dois faire.

Elle prit une longue bouffée d'air, espérant ralentir ainsi son rythme cardiaque.

George eut un moment d'hésitation et jeta un coup d'œil aux alentours. Puis, à nouveau déterminé, il annonça :

— Les bagages, Faith. Voilà ce que nous devons faire.

— Les bagages ?

Faith n'était pas sûre d'avoir bien entendu. Il opina du chef.

— Quelqu'un doit commencer à récupérer les affaires et tout ça. Tu sais… avant que tout ne finisse brûlé ou emporté par la marée. Ça simplifiera la tâche des secours qui viendront nous chercher. Nous allons les empiler près de l'arbre là-bas.

Faith hésita. Ramasser les bagages, ce n'était pas vraiment ce qu'elle avait en tête. Elle voulait sauver des *gens*, pas des affaires.

— Bon d'accord, dit-elle doucement en considérant

l'endroit que George avait désigné, loin du tumulte de la plage. Mais peut-être devrions-nous d'abord nous assurer qu'il n'y a pas de blessés que nous puissions…

— Ecoute, je crois pas. Le gamin là-bas, avec les stylos, il m'a dit que l'autre, là sur la plage, il est médecin.

La voix de George s'était teintée d'impatience ; il ne lui avait même pas laissé le temps de finir sa phrase.

George fit un geste vers un beau jeune homme aux cheveux bruns qui devait avoir le même âge que Faith. Il tenait des stylos dans une main. Puis elle aperçut un autre homme penché sur une femme noire un peu plus âgée.

— Moi, jouer les infirmières, c'est pas trop mon truc, mais je suis certain que je peux être utile autrement. Tu es avec moi, ou pas ?

Faith fut tentée de répondre non. Il y avait peut-être quelqu'un de blessé quelque part, ou bien prisonnier des flammes, qui subirait une nouvelle explosion tandis qu'elle sauverait des boîtes de maquillage et des trousses de toilette. Le plan de George ne semblait tout simplement pas être le meilleur moyen de se rendre utile.

— Allez ! cria George, en attrapant déjà le sac le plus proche.

Faith respira profondément et rassembla ses pensées. Allait-elle enfin décider de ne pas se laisser dicter sa conduite ? Et puis elle regarda George. Il semblait déterminé, et pourtant, son regard se perdait ici et là, comme s'il refusait de s'arrêter trop longtemps sur l'horreur de ce qui l'entourait.

Il n'a probablement pas toute sa tête, réalisa Faith. *Et ce n'est pas étonnant, étant donné ce qui vient de nous arriver à tous*. Malgré sa bravoure affichée, George devait être aussi effrayé et anxieux que tous ces gens qui erraient sur la plage en criant ou sanglotant. La seule différence, c'est qu'il tentait de se protéger en restant actif. La grande sœur de Faith réagissait souvent de la même façon : lorsqu'elle attendait des nouvelles de ses médecins, Gayle nettoyait la maison de fond en comble, ou tuait le temps en se trouvant des petites occupations comme par exemple ranger le grenier, ou trier les *National Geographic* par ordre alphabétique.

— Vous avez raison, dit Faith. C'est probablement une bonne idée de s'occuper des affaires. En plus nous pouvons rester disponibles, si quelqu'un a besoin de nous, n'est-ce pas ?

George sembla satisfait de ce compromis.

— Bien sûr. Maintenant, allons-y. J'ai vu des valises par là.

Faith s'aventura sur le sable brûlant dans la direction qu'il avait indiquée et attrapa une petite mallette en cuir à moitié brûlée. En la déposant près des arbres, elle aperçut un petit lézard vert sur le sable. Elle sourit en pensant à la broche en forme de reptile que Gayle portait sur sa veste d'hiver.

Le crissement caractéristique d'une pièce de métal frottant contre une autre se fit soudain entendre. Elle se retourna juste à temps pour voir un énorme morceau de l'aile plantée dans le sable se détacher et tomber lourdement au sol. Dans le fracas de sa chute, il libéra une gerbe d'étincelles, provoquant une réaction en chaîne : d'autres débris explosèrent et les flammes gagnèrent la plage tout entière, projetant des morceaux de métal dans les airs.

George bondit vers Faith et la cacha derrière lui. Le souffle incandescent de l'explosion les enveloppa d'un nuage brûlant. Faith plissa les yeux.

— Merci, dit-elle timidement, en réalisant que George s'était interposé entre l'explosion et elle.

Elle était touchée par son geste paternel et désintéressé. Elle était seule, livrée à elle-même, à des milliers de kilomètres de chez elle, et un parfait inconnu venait de la préserver du danger… C'était un sentiment bizarre. Mais agréable.

George lui jeta un bref regard, haussa les épaules puis ses yeux errèrent sur la plage.

— Toute cette histoire… C'est fou. J'reviens…

Il s'éloigna en courant.

En regardant à nouveau vers les débris en feu de l'aile, Faith aperçut trois personnes allongées sur le sable à l'endroit même où l'explosion avait dû les surprendre. Heureusement, elles semblaient saines et sauves toutes les trois. Au moment où elles s'assirent, Faith reconnut parmi elles celui que George avait désigné comme médecin un peu plus tôt. Il y avait aussi un jeune homme corpulent, aux cheveux châtains frisés, et une jolie blonde enceinte en débardeur crasseux. Tous trois avaient l'air sonné, et Faith devina que l'aile devait les avoir manqués de peu dans sa chute.

Le docteur se releva brusquement, laissant les deux autres encore étourdis sur le sable et s'éloigna précipitamment. Faith se dirigea vers eux pour s'assurer qu'ils n'avaient rien.

Le jeune homme la fixa avec des yeux écarquillés, en respirant bruyamment.

— Ouahou ! lança-t-il avant qu'elle n'ait pu dire quoi que ce soit. T'as vu ça ? C'était moins une !

— Ouais, c'est clair ! ajouta d'une voix faible sa voisine encore tremblante, dévoilant un léger accent australien.

— Vous n'êtes pas blessés ? demanda Faith en s'accroupissant à leur côté.

La blonde posa ses mains sur son ventre.

— Non, je suppose que non, dit-elle. Je ne sais pas trop.

Faith regarda dans la direction suivie par l'autre homme qui venait de partir.

— Heureusement qu'il vous a avertis juste avant. C'est un médecin, n'est-ce pas ?

— Oui, je crois, acquiesça le jeune homme. Son nom, c'est Jack. Au fait, moi, c'est Hurley qu'on m'appelle.

Il haussa les épaules.

— Et moi, Claire, déclara la jeune femme.

— Je m'appelle Faith. Enchantée.

Ses paroles étaient un peu trop formelles à son goût étant donné les circonstances et elle lâcha un petit rire nerveux. Elle se sentit immédiatement ridicule de glousser en pareilles circonstances, mais Hurley et Claire lui renvoyèrent un sourire qui la rassura.

— C'est complètement dingue, pas vrai ? commenta Claire, en balayant d'un geste l'ensemble de la scène qui se déroulait devant eux.

Faith hocha la tête. Elle essayait de trouver quelque chose à ajouter lorsqu'elle entendit George l'appeler. En se retournant, elle le vit s'approcher au pas de course.

— Qu'est-ce que tu fabriques ? demanda-t-il en s'arrêtant brusquement devant elle. Je croyais que tu voulais m'aider à rassembler les bagages.

— Je voulais juste être sûre que ces deux-là allaient bien. Claire est enceinte. Je devrais peut-être rester là pour l'aider.

George remarqua le ventre rond de Claire.

— Tu as un souci, jeune fille ? Avec le bébé ? Des contractions ou un truc comme ça ?

— Tout à l'heure, oui, répondit Claire en regardant Hurley. Mais ça va mieux maintenant.

Elle commença à se relever, un peu tremblante. Hurley se redressa d'un bond et vint l'aider en lui tenant le bras.

— Merci, lui dit-elle en se massant le ventre une fois debout.

— Parfait ! Notre jeune amie a l'air de contrôler la situation, reprit George en adressant un signe de la tête à Hurley. Pas vrai, petit ?

— Pour sûr, mec, répondit Hurley, encore essoufflé par son effort. Pas de problème.

— Bon. Alors on peut s'y remettre.

George jeta un œil vers Faith. Elle ne savait trop quoi répondre. Ce qu'il lui avait dit semblait inoffensif. Pourtant, quelque chose dans sa façon de le formuler l'avait gênée – il ne concevait pas qu'elle puisse avoir une opinion différente sur la manière de procéder. Elle était peut-être un peu trop sensible, mais un signal d'alarme clignotait au fond d'elle-même. Pourquoi cet homme qu'elle venait à peine de rencontrer se comportait-il comme si elle lui appartenait déjà ?

4

— Tiens-moi ça une seconde.

Sans attendre de réponse, Oscar jeta sa pancarte dans les mains de Faith et s'éloigna. En quelques secondes, il s'était fondu dans la foule des manifestants qui s'étendait sur plusieurs rues.

Faith fut parcourue par un frisson nerveux. Elle regarda les visages autour d'elle. Cela faisait maintenant presque un mois qu'elle avait rencontré Oscar, devant le bureau d'Arreglo. Elle avait parfois l'impression de ne le connaître que depuis quelques minutes, et parfois deux ans. Grâce à Oscar. C'était une force de la nature, étouffant la timidité et l'incertitude de Faith par l'énergie brute de sa personnalité, s'enroulant autour de sa vie comme un boa constrictor autour de sa proie, avalant l'existence solitaire de Faith, dans le centre chaud de sa vie active. Dès leur première soirée en tête à tête – une promenade à la maison des reptiles du zoo – il lui avait confié qu'elle était la plus belle et la plus intrigante des femmes qu'il ait connues. Lorsqu'ils s'étaient revus, il lui suggérait déjà d'emménager ensemble. Et malgré les efforts de Faith pour éviter d'aller trop vite, elle passait en fin de compte plus de temps dans la minuscule chambre insalubre d'Oscar que dans son petit studio stérile à elle, dans la résidence Grad Hall C.

Elle s'était si bien habituée à passer le plus clair de son temps avec lui, qu'elle finissait par se sentir perdue lorsqu'ils n'étaient pas ensemble – un sentiment tout neuf pour elle, qui était restée bien seule ces dernières années.

Mais où donc se précipitait-il comme ça ? se demandait-elle en tendant le cou pour le suivre du regard. L'océan de visages tournoyant et s'écoulant autour d'elle la rendit presque malade. Elle eut un instant l'impression d'avoir repéré la chevelure noire typique d'Oscar, à quelques mètres d'elle, mais il s'agissait d'une femme très forte, avec un grand sourire, habillée d'une robe d'intérieur en batik.

Faith céda une seconde à la panique puis tâcha de se calmer. Depuis sa plus petite enfance, elle était tenue par la peur irrationnelle d'être abandonnée. Oscar avait probablement aperçu un journaliste et s'était précipité pour passer à la télé comme toujours. Rien de grave. Certes, il était facilement distrait, mais jamais irréfléchi. Il serait bientôt de retour auprès d'elle.

Elle leva la pancarte de Oscar et la sienne et reprit avec ses voisins : « Q Corp, ça suffit ! Laissez la forêt tranquille ! Q Corp, ça suffit ! Laissez la forêt tranquille ! »

Cette manifestation, la cinq ou sixième à laquelle elle participait avec Oscar, avait lieu juste devant le siège de Q Corp, à Chicago. Ils avaient pris un bus pour venir, avec plusieurs douzaines d'étudiants de l'université. Pour la première fois, Faith quittait le campus pour défiler. Elle n'avait jamais vu de foule aussi dense et plus bagarreuse qu'aujourd'hui. En plus des habituels étudiants et activistes, Faith fut frappée de voir autant de profils si différents : des jeunes sortant de l'école, des lycéens, des ménagères, des retraités avec leurs béquilles ou leurs cannes. L'annonce du nouveau projet d'installation de Q Corp s'était largement propagée ces deux dernières semaines, et la controverse devenait désormais générale.

Tant mieux, pensa Faith, se taisant pour reprendre son souffle. Peut-être que cette fois, ils attireraient l'attention.

« Les animaux aussi ont une âme ! Sauvez-les de Q l'infâme ! »

Elle était encore surprise de la vitesse avec laquelle elle avait rejoint les manifestations. Toute sa vie, elle avait été la plus sage, la plus calme, celle qui ne parlait jamais, et ne contrariait personne. Au collège, quand on devait choisir les membres des équipes de sport, elle restait au fond, derrière les autres et fixait le sol jusqu'à entendre son nom. Au lycée, elle avait quitté le petit journal de l'école quand on lui avait demandé de prendre une rubrique en charge et de diriger certaines réunions de rédaction. Et le jour où sa sœur s'en était prise à un voisin qui semblait négliger et mal nourrir son chien, jusqu'à lui valoir un article dans le journal et un éloge du refuge animalier du quartier, c'est Faith qui s'était occupée en personne de soigner le pauvre animal et de lui trouver un nouveau toit.

Rester dans l'ombre ne l'avait jamais gênée – au contraire. Mais cette fois, c'était différent. Cette foule immense et agitée semblait l'autoriser et même l'encourager à se laisser aller ; elle pouvait sauter de haut en bas, crier tout ce qui lui passait par la tête, sans se sentir honteuse ou ridicule. Lorsqu'elle prenait part à une manifestation, elle se sentait vraiment acceptée pour la première fois.

Oscar la regardait toujours bizarrement lorsqu'elle

essayait de lui expliquer tout ça. Qu'il le comprît ou non, peu importait : elle lui était reconnaissante de lui avoir permis de découvrir cet univers – qui était devenu le sien désormais, ou du moins en avait-elle l'impression. C'était incroyable de pouvoir regarder autour de soi, et de voir autant de gens préoccupés par ces choses qui lui tenaient tant à cœur. Ce simple constat suffisait à lui procurer un sentiment de sécurité qu'elle n'avait plus ressenti depuis sa plus tendre enfance et la mort de ses parents. Elle adorait cette sensation : si chaude, si confortable, si inclusive…

« A mort, ces ordures de capitalistes ! », cria-t-on d'une voix aiguë à quelques pas de Faith.

Elle grimaça en découvrant une femme aux yeux exorbités, brandissant une pancarte particulièrement dure. Faith savait bien que ces manifestations la conduisaient à se frotter aux plus zélés et aux plus radicaux des défenseurs de l'environnement. Et bien qu'elle admirât leur passion et leur dévouement, elle était parfois embarrassée par leurs prises de position extrêmes – surtout lorsque les médias prétendaient faire de ces cas particuliers des prototypes de l'écologiste moyen. Mais ils avaient sans doute ce prix à payer pour délivrer leur message.

Elle suivit le flot de la foule quelques instants, en brandissant ses deux pancartes. Lorsque ses bras commencèrent à fatiguer, elle réalisa qu'Oscar avait disparu depuis un bon moment. Elle abandonna ses panneaux contre un réverbère et se mit à sa recherche. Elle ne voulait pas le perdre définitivement dans cette masse, qui continuait d'enfler, à mesure qu'avançait la journée. Elle n'était même pas sûre de savoir où ils devaient retrouver le bus de retour…

Alors qu'elle commençait à sentir pointer de vrais

accès de panique, elle repéra enfin ses épaules carrées et sa chevelure noire. Il se tenait au bord du trottoir, près d'un carrefour, à l'une des extrémités de la manifestation. Il y avait moins de monde à cet endroit, et Faith put remarquer qu'il discutait avec un jeune homme à l'allure peu soignée, au bouc mal taillé. Faith traversa un groupe d'adolescentes lancées dans une sorte de danse théâtrale, sous la direction d'un homme d'une soixantaine d'années armé d'un banjo. Quand elle atteignit Oscar, le garçon au bouc avait disparu.

— Hé ! Qu'est-ce qui ne va pas ?

— Non, rien. C'était qui lui ?

— Qui ça ?

Oscar regarda autour de lui.

— Oh, tu veux parler de Z-Man ? C'est personne. Enfin, je veux dire, c'est juste un mec que j'ai rencontré sur Internet. On s'était donné rendez-vous, juste pour se dire bonjour.

Il agita la main devant son visage, comme pour chasser une mauvaise odeur ; geste signifiant que ce sujet avait cessé de l'intéresser.

— Mais, écoute, il m'a parlé de quelque chose de très intéressant. Tu sais, ton vieil ami Arreglo ?

Faith sentit les muscles de son visage se crisper. Même si sa dispute avec Arreglo l'avait rapprochée d'Oscar, c'était encore un sujet sensible. Oscar ne semblait pas comprendre pourquoi Faith continuait à chercher des excuses pour ne pas le rejoindre aux manifestations quotidiennes organisées devant le bureau d'Arreglo. Parfois, elle n'était pas sûre elle-même de bien comprendre. Comme promis, elle avait demandé à changer de tuteur, mais une partie d'elle-même refusait encore d'accepter la situation et de passer à autre chose.

Sans doute parce qu'elle n'était pas encore tout à

fait sûre d'avoir fait le bon choix. Et si elle avait pris le temps d'écouter les explications d'Arreglo ? Oscar affirmait qu'il n'y avait aucune excuse pour ce qu'il avait fait, mais était-ce bien vrai ?

Elle essayait de ne pas trop se préoccuper de toutes ces questions. Elle savait avec certitude que si elle retournait voir Arreglo, Oscar la plaquerait. Il l'avait laissé entendre plusieurs fois. Elle avait supposé qu'il exagérait un peu, mais elle ne voulait pas prendre le risque malgré tout. Surtout pas maintenant, alors que son univers semblait s'étendre pour la première fois depuis des années.

En plus, elle doutait que l'issue d'une nouvelle discussion avec Arreglo fût plus favorable. Elle ne savait pas débattre, surtout lorsqu'il s'agissait d'un sujet qui lui tenait tant à cœur. Elle ne parvenait pas non plus à étouffer ses *sentiments* assez longtemps pour écouter, réfléchir et répondre.

Malgré tout, elle ne pouvait s'empêcher de penser avoir déçu le docteur ce jour-là, dans son bureau. Après toute une vie passée à admirer cet homme, une telle hypothèse était trop difficile à supporter. Mais avait-elle vraiment eu le choix ?

Oscar ne sembla pas remarquer sa consternation.

— Z-Man a entendu dire qu'Arreglo a été invité à s'exprimer au grand séminaire sur l'environnement qui a lieu le mois prochain en Australie.

Faith était déjà au courant. La Conférence Mondiale sur l'Ecologie figurait sur l'agenda du Docteur depuis des mois. Mais elle ne prit pas la peine de le dire à Oscar. Elle le connaissait déjà suffisamment pour savoir qu'il supportait mal d'être interrompu.

— Ça serait pas cool d'y aller ? proposa-t-il, les yeux brillants d'impatience. On pourrait surgir lors de son intervention, et lui faire comprendre en même temps qu'au monde entier, qu'il est maintenant l'ennemi public numéro un de l'environnement… Tu parles d'un coup !

Faith sourit faiblement.

— J'ai toujours voulu visiter l'Australie, conférence ou pas…

Elle avait soigneusement mis Arreglo de côté… Il lui jeta un regard.

— Ah oui, les serpents c'est ça ? reprit-il.

— Tu me connais bien. Imagine, toutes ces espèces venimeuses. Taipans, vipères de la mort, mocassins à tête cuivrée… L'Australie, c'est un peu la Terre Promise pour une herpétologiste comme moi, tu sais…

Avant même de se décider pour une carrière d'herpétologiste, Faith s'était mise d'accord avec sa sœur pour économiser de l'argent et partir un jour en voyage aux antipodes. Gayle avait toujours rêvé de voir de plus près tous ces oiseaux exotiques et ces drôles de peluches, les koalas, sans oublier ces hommes rudes aux accents rigolos. Faith voulait découvrir la faune et la flore uniques de ce continent éloigné – mais surtout, les serpents, bien sûr.

— Alors tu viens avec moi ? demanda Oscar, en avançant vers elle et lui prenant les deux mains.

Faith haussa les épaules.

— J'aimerais bien, mais ça va être difficile. Je te rappelle qu'on n'est tous les deux que des étudiants fauchés.

Il lui sourit, il serrait si fort ses mains qu'elle avait presque mal.

— Quand on veut, on peut, princesse. Quand on veut, on peut.

5

— Allez, nom de Dieu, tire plus fort !

George, rouge de sueur, réajustait sa position pour arracher une valise coincée sous un morceau du moteur de l'avion.

Faith souffla et s'essuya ses mains sur le devant de sa chemise déjà sale. Elle n'en pouvait plus. Sans compter qu'elle était assoiffée et qu'elle avait chaud. Elle sentait presque sa peau blanche grésiller et cuire sous les rayons du soleil tropical, en cet éblouissant après-midi. Les gaz qui s'échappaient encore de la carlingue lui faisaient tourner la tête. Et tout autour d'elle, gisaient les corps brûlés ou ensanglantés de ses camarades d'infortune… Elle aurait fait n'importe quoi pour aller s'asseoir à l'ombre du bosquet de bambous le plus proche et attendre là, un moment, jusqu'à ce que toute cette histoire s'évanouisse.

— On devrait peut-être laisser tomber pour celle-là, suggéra-t-elle à George qui serrait les dents et tirait à nouveau sur la valise. Je ne crois pas qu'on arrivera à la décoincer.

— Pas avec ce genre d'attitude, ça c'est sûr, répondit-il avec détermination. Maintenant, arrête de rouspéter et viens m'aider à tirer !

Faith ouvrit la bouche pour ajouter quelque chose,

ou au moins pour protester contre ses accès d'autorité, mais cette chaleur tropicale oppressante l'empêchait de réfléchir à ce qu'elle devait dire. Il était, pour le moment en tout cas, bien plus facile de lui obéir. Elle eut un peu honte de sa faiblesse, mais se réconcilia avec elle-même en se promettant d'exiger une pause juste après – ils en avaient besoin tous les deux.

George recula légèrement pour s'aider d'un bloc de roche derrière lui. Faith saisit l'autre poignée de la valise et jeta un coup d'œil autour d'elle pour se trouver un point d'appui lorsqu'elle vit quelque chose bouger sur le rocher.

— Attention ! cria-t-elle en lâchant la sangle et en s'approchant un peu plus près.

Une petite araignée noire trapue avec de fines bandes blanches courait d'un bout à l'autre du rocher. Faith n'était pas une experte des espèces arachnides de cette partie du monde, mais ce spécimen semblait appartenir à la famille des *Salticidae*.

Bonjour, jeune amie, pensa-t-elle, en écho des mots que prononçait toujours Gayle lorsqu'une araignée entrait dans la maison ; et Faith et sa sœur en avaient escorté un nombre incalculable au-dehors durant toutes ces années.

— Hein ?

George se pencha et remarqua l'animal. Il prit un air renfrogné.

— Ecarte-toi, mon cœur, je vais m'occuper de ça.

Il leva le pied. En un éclair, Faith lui attrapa le bras, et le tira vers elle jusqu'à ce qu'il perdît l'équilibre et fût contraint de faire un pas en arrière.

— Non ! Ne la tuez pas ! Elle vaque à ses occupations, elle ne nous gêne pas.

— Pas pour l'instant, répondit George, en gloussant

et remuant la tête. S'il y a bien une chose que j'ai apprise lors de mon voyage en Australie, mon cœur, c'est qu'en ce bas monde, tout est vénéneux. Ferais mieux de t'en occuper avant qu'elle ne s'occupe de toi.

Cette fois, Faith n'eut pas le temps d'intervenir ; il leva à nouveau le pied et écrasa l'araignée contre le rocher. Quand il retira sa botte, il ne restait plus sur la surface qu'une traînée sombre.

Faith fixa ce qu'il restait de son cadavre, horrifiée et sans voix. La petite trace laissée par son intestin semblait se brouiller et onduler devant ses yeux, ressemblant étrangement à une certaine mare de sang s'infiltrant dans une moquette pâle…

Elle cligna plusieurs fois des yeux pour se débarrasser de cette image, mais elle ne put retenir la colère, la peine, l'impuissance, et la culpabilité qui montaient en elle. Si seulement elle n'avait pas mentionné la petite créature, George ne se serait probablement rendu compte de rien. Elle serait encore en vie et non morte par sa faute. Si seulement elle pouvait revenir en arrière pour changer les choses, arranger ce qui s'était mal passé. Mais c'était impossible. Elle le savait bien, et cela remplit soudain ses veines de plomb, la tirant vers le fond.

— Bon, on s'y remet, lança George en se frottant les mains avant d'agripper la poignée de la valise. Tu es prête, mon cœur ?

Submergée par l'émotion, Faith tourna les talons et s'éloigna en courant. Aveuglée par les larmes, elle pouvait à peine voir devant elle. Elle savait qu'elle se comportait comme une sotte et risquait de se blesser sur un morceau de métal en s'aventurant ainsi pieds nus au milieu des débris du fuselage. Mais il lui fallait s'échapper au plus vite, avant de craquer complètement.

— Hé ! cria George derrière elle, visiblement surpris. Où cours-tu comme ça ?

Elle ne répondit pas, ne ralentit pas, jusqu'à ce que plusieurs grandes pièces de l'avion et au moins une douzaine de personnes la séparent de George. Et puis elle finit par jeter un coup d'œil par-dessus son épaule, se demandant s'il l'avait suivie. Après plusieurs minutes sans signe de lui, elle commença à se détendre.

Maintenant que la crise était passée, elle se sentait un peu bête. Pourquoi avait-elle réagi aussi violemment ? Certes, l'acte de George avait été irréfléchi, brutal et complètement inutile. Ce genre de comportements lui était insupportable. C'était normal qu'elle fût contrariée ou fâchée de le voir écraser cette araignée, mais était-ce une raison pour perdre totalement le contrôle d'elle-même ?

— Hé !

Une voix familière la tirait de ses pensées.

— C'est Faith, c'est ça ? Tout va bien ? Tu n'as pas l'air au mieux…

En se retournant, elle reconnut Hurley.

— Dé-désolée, répondit-elle, en s'essuyant les yeux avec le dos de la main, cherchant vainement à cacher ses larmes. Ça va, c'est juste que…

Elle s'interrompit, ne sachant trop quoi dire pour se justifier. Mais Hurley esquissa un sourire de sympathie.

— Tu n'as pas besoin de t'expliquer, tu sais. On est tous un peu sonnés pour le moment. Tiens, tu ferais mieux de boire un peu avant de t'évanouir.

Il lui tendit une bouteille en plastique.

C'est à ce moment seulement qu'elle remarqua

qu'il avait les bras chargés de canettes et de boîtes de conserve. Elle se contenta de fixer celle qu'il lui tendait. Son cerveau fonctionnait au ralenti.

Il agita le flacon devant elle.

— C'est bon, y a pas de problème. Je l'ai trouvé, tu sais, là-dedans…

Il pencha la tête vers la plus grosse section restante de l'avion, faisant onduler ses cheveux frisés.

— Merci.

Faith accepta enfin la bouteille, la déboucha de ses mains encore tremblantes et but une longue gorgée. En sentant le liquide dans sa gorge, elle réalisa combien elle était déshydratée. L'eau l'aida à éclaircir ses idées presque immédiatement, et elle se sentit un peu mieux.

— J'en avais bien besoin, dit-elle en lui rendant la bouteille à moitié vide.

— Garde-la, répondit-il en esquissant un geste de refus.

— Merci.

Maintenant que son cerveau fonctionnait à nouveau normalement, elle décida qu'il était temps de se rendre utile – cette fois-ci pour de vrai. Les cris d'urgence et d'affolement qu'elle avait entendus juste après le crash s'étaient tus, mais elle était persuadée de pouvoir se rendre utile auprès de certains rescapés.

— Tu sais où est le médecin ? demanda-t-elle.

— Tu veux dire le gars là, Jack ? répondit Hurley en haussant les épaules. Non, je l'ai pas vu depuis un petit moment. Pourquoi ? tu te sens pas bien ? t'as mal quelque part ?

— Non, non. Je pensais juste lui proposer mon aide.

Faith n'était pas médecin, mais elle se disait que sa

formation scientifique pourrait bien la rendre utile à quelque chose.

— Ah, d'accord. Alors, bonne chance. Viens me voir si tu as besoin d'eau, d'accord ?

Il s'éloigna, avec ses bouteilles et ses boîtes.

Faith se remit elle aussi en route. Elle contourna les plus gros morceaux de fuselage, à la recherche du docteur. Elle avait beau s'approcher de chaque survivant qu'elle apercevait, elle ne le vit nulle part. Elle croisa un homme étendu à l'ombre d'un morceau de métal, il avait une jambe presque arrachée. On lui avait fait un garrot avec une cravate, et une jeune femme lui tendait une bouteille semblable à celle qu'Hurley lui avait offerte. Un peu plus loin, une femme d'une cinquantaine d'années était assise dans le sable. Elle serrait un collier et fixait la mer. Elle remuait légèrement, et fredonnait quelque chose. Faith la reconnut : c'était la femme que Jack essayait de réanimer juste après le crash. Elle lui lança un sourire, heureuse de constater que Jack avait pu la sauver, mais la femme ne sembla pas la remarquer. Faith continua son chemin. Elle voyait des blessés, des gens qui creusaient désespérément dans les restes fumants de l'avion, d'autres, sonnés, qui erraient simplement…

Elle se sentait un peu plus inutile à mesure qu'elle évaluait son impuissance. Elle observait un jeune garçon qui tenait quelque chose ressemblant à une laisse de chien lorsqu'un homme à la peau mate d'origine maghrébine s'approcha d'elle.

— Excusez-moi mademoiselle, dit-il d'un ton poli mais ferme.

— Oui ? répondit-elle en essayant de deviner à son accent d'où il venait.

— J'essaie de réunir quelques volontaires pour

m'aider à produire des signaux de fumée sur la plage, pour que les secours nous repèrent plus facilement. Il faudra voir grand, alors on va avoir besoin de bois, de beaucoup de bois. Et de tout autre combustible – feuilles, brindilles, algues sèches…

— Oh, d'accord, ça je peux faire !

— Excellent ! Apportez tout ce que vous trouverez là-bas.

Il désigna un tas de branches à quelques mètres et s'éloigna. Se souvenant qu'il avait oublié quelque chose, il se retourna brièvement et ajouta :

— Je m'appelle Sayid.

— Et moi Faith. Enchantée.

Mais Sayid était déjà trop loin pour l'entendre et Faith se sentit un peu bête. Elle haussa les épaules et regarda autour d'elle. Il n'y avait visiblement rien à brûler dans le coin, alors elle se dirigea vers la lisière des arbres, soulagée d'avoir enfin quelque chose à faire d'utile qui puisse occuper son esprit et lui éviter de penser au reste.

Lorsque le soleil s'approcha de l'horizon, les débris brûlants de l'avion avaient cédé leur place à plusieurs feux de camp nourris par les branches mortes, les morceaux de bois et les palmes sèches que Faith, Sayid et d'autres naufragés avaient réunis. En regardant les flammes qui montaient des foyers improvisés, Faith s'étira les bras et les épaules, engourdis par un long après-midi de travail physique. Il était bon de rester là à se reposer, en profitant de la chaleur du feu. L'air s'était rafraîchi avec le coucher de soleil et une légère brise de mer venait chatouiller son visage brûlé par le soleil et soulever les cheveux sur ses tempes.

C'est alors qu'elle se rappela la douleur lancinante à sa jambe et se pencha dessus. Elle avait été tellement occupée depuis qu'elle était sur la plage, qu'elle en avait presque oublié cette entaille dans sa peau. Mais désormais, la blessure se faisait à nouveau sentir, tout le long de son tibia.

Elle s'assit sur le sable et étendit la jambe devant elle. Les derniers morceaux de ses collants avaient été définitivement arrachés depuis longtemps, laissant sa peau à nu. Elle se pencha en avant pour examiner la plaie, à la lumière du jour qui baissait rapidement. Ça ne saignait plus depuis un moment, et elle crut d'abord qu'une croûte s'était formée. Et puis elle réalisa qu'il s'agissait en fait d'une couche de poussière et de sable. Elle tenta de nettoyer la blessure en balayant le sable et la crasse de sa main, avant de constater que ce n'était pas une très bonne idée – ses mains s'avéraient tout aussi sales.

Elle se releva et se dirigea vers le bord de l'eau. Dès qu'elle mit les pieds dans l'eau, le sel de l'océan la brûla par chaque coupure ou éraflure, et elle serra les dents pour résister à cette douleur supplémentaire. Elle se baissa pour se rincer les mains du mieux qu'elle pût. Puis elle choisit le coin le plus propre de sa chemise pour nettoyer sa blessure. Elle saignait un peu, mais elle se sentait déjà mieux en rebroussant chemin vers le sable sec.

En sortant de l'eau, elle aperçut Jack un peu plus loin sur la plage. Elle hésita, de peur de l'importuner avec une plaie mineure alors qu'il avait dû s'occuper de personnes bien plus gravement blessées. *Défends-toi* – elle entendait la voix de sa sœur dans sa tête – *tu es aussi importante que n'importe qui ici*. Elle respira un grand coup, redressa les épaules et fonça vers le docteur.

Quand elle arriva à son niveau, elle le vit penché

sur un homme étendu dans le sable, sans bouger, une énorme tige d'acier fichée dans le ventre. La grande jeune femme aux pommettes hautes qu'elle avait vue dans la jungle un peu plus tôt se trouvait là aussi. Ses longs cheveux ondulés étaient maintenant tirés en arrière, en tresse. Elle observait Jack avec une grande attention. Faith se rappela l'étrange comportement de la jeune femme lors de leur première rencontre et de sa soudaine disparition. Elle choisit donc de soigner son approche. Mais juste à cet instant, Jack releva la tête et la vit.

— Salut ! Tout va bien ? Vous aviez besoin de quelque chose ?

— Ce n'est sans doute pas bien grave. C'est juste ma jambe...

Jack s'approcha d'elle et se mit à genoux pour examiner sa plaie.

— C'est une sacrée lacération que vous avez là. Mais elle a l'air à peu près propre. Vous l'avez nettoyée ?

— A l'instant, dans la mer.

— Bien. Si vous pouvez trouver de l'eau douce, rincez-la avec, ce sera mieux. Le grand gaillard, là-bas – comment c'est déjà, Hurley ? – a récupéré des bouteilles, je crois. Vous avez de la chance : je pense que vous n'aurez pas besoin de points de suture.

Faith remarqua qu'en ajoutant cela, il avait jeté un coup d'œil rapide vers l'autre femme et souri brièvement. Celle-ci lui rendit son sourire et Faith se sentit un peu gênée de ne pas être dans la confidence. Etaient-ils en train de se moquer d'elle ?

— D'accord, reprit Faith timidement. Je voulais juste avoir votre avis. Puisque vous êtes médecin et tout...

Elle se sentit bête en disant ça, surtout en voyant l'homme inconscient allongé à côté. Du sang coulait de part et d'autre de son horrible blessure ; la chair autour du morceau de métal semblait sèche et terne. Sa respiration était sourde et rauque, et son visage d'une pâleur effrayante. Elle se retourna en frémissant.

— Désolée de vous avoir dérangés, ajouta-t-elle en s'éloignant.

— Pas de souci, répondit-il d'un sourire fatigué mais amical. Hé, si vous pouvez trouver de l'alcool, ça serait pas mal d'en verser un peu sur votre plaie. Ensuite tâchez de faire votre possible pour la garder propre et venez me voir si vous pensez que ça s'infecte, d'accord ?

— D'accord. Merci.

Faith était bien trop fatiguée pour aller fouiller les décombres à la recherche d'alcool pour le moment. En plus, la douleur s'était beaucoup atténuée depuis qu'elle avait nettoyé sa jambe. Mais elle se dit qu'elle pouvait au moins chercher Hurley et lui demander de l'eau.

Elle ne mit pas longtemps à le trouver. Il portait une caisse remplie de paquets enroulés dans du papier d'aluminium. Il répondit à sa demande en tendant le menton vers le plus gros morceau du fuselage.

— L'eau c'est là-bas. Maintenant je récupère de quoi manger. Vous en voulez ?

Il prit un paquet d'aluminium et le tendit à Faith. Elle accepta en le remerciant : elle mourait de faim...

La nourriture de l'avion était froide et grasse, mais Faith la dévora comme si c'eût été un festin de gourmet. Quand elle eut fini, elle alla chercher de l'eau. Elle prit une bouteille qu'elle versa à moitié sur sa blessure et but le reste.

Après ça, elle s'assit près d'un des feux, épuisée, sans trop penser à rien, alors que la nuit venait. Les autres survivants allaient et venaient dans les cercles orange rougeoyants autour des feux. L'un d'entre eux, un beau jeune homme, grand et maigre, la barbe naissante, vint s'asseoir à côté d'elle et s'alluma une cigarette. Il resta ainsi, à fumer, sans parler, le regard fixé sur les flammes.

Faith prit son courage à deux mains et fit le premier pas.

— Salut.

Ils n'avaient encore aucun signe des secours, ce qui voulait dire qu'ils seraient sans doute coincés là au moins jusqu'au matin. Ce n'était donc vraiment pas le moment de laisser sa timidité l'empêcher de faire connaissance avec ses compagnons d'infortune.

— Heu, je m'appelle Faith.

— Sérieux ? Avec un nom pareil, tes parents devaient être des optimistes…

Il s'était retourné vers elle et la scrutait avec curiosité. Il esquissa un sourire plus moqueur qu'amical.

Faith rougit. Elle se sentit immédiatement comme un premier de la classe qui se serait assis à la mauvaise table à la cantine. Le jeune homme prit sa cigarette dans une main et observa le visage de Faith avec attention, en soufflant la fumée qui s'enroulait en spirale au-dessus de lui. Ensuite il se remit à fixer le feu.

— Je suppose qu'on est tous les deux parmi les chanceux aujourd'hui, Faith, dit-il au bout d'un long silence.

— Ouais, je crois aussi, répondit-elle en souriant faiblement. Pourtant, d'une certaine façon, c'est aussi un coup du sort, pour moi : je n'étais pas censée être sur ce vol. J'ai changé au dernier moment à cause du séminaire auquel je participais, qui a… heu, mal tourné.

Pourquoi avait-elle dit ça ? Elle regretta instantanément d'avoir trop parlé. Le jeune homme se tourna à nouveau vers elle, et la dévisagea avec intérêt. Ses yeux sombres scintillaient dans la lumière du feu.

— Ah bon ? dit-il d'une voix traînante. Que s'est-il passé ?

Avant que Faith pût décider de ce qu'elle allait répondre, un rugissement assourdissant se fit entendre du fond de la jungle. Le bruit s'apparentait à celui du tonnerre, mais le ciel était parfaitement clair. Et puis quelle sorte d'orage pouvait bien venir du sol ? Après ce fracas qui s'atténua en un faible écho rebondissant sur les collines boisées, montèrent les gémissements et le battement d'ailes de nombreux oiseaux et autres animaux qui prenaient la fuite. Une seconde plus tard, un énorme craquement se fit entendre, suivi à nouveau de la réverbération de l'écho, comme si la montagne gémissait.

— Qu'est-ce que c'était que ça ? demanda le jeune homme à la cigarette en quittant Faith des yeux pour se tourner vers l'endroit d'où provenait le bruit.

Faith ne sut quoi répondre. Elle n'avait jamais rien entendu de pareil. Elle fut surtout saisie par sa tonalité étrangement métallique, surprenante dans un environnement sauvage tel que celui qui les entourait.

Le grondement semblable au tonnerre se fit entendre encore, mais un peu plus faiblement. Tout le monde fixait la jungle désormais. Le voisin de Faith se leva en murmurant un juron et se dirigea vers la lisière du bois où se rassemblaient déjà d'autres naufragés.

Faith lui emboîta le pas avec moins de conviction, peu résolue à s'approcher davantage de ce mystérieux bruit. C'était plus tentant d'aller se réfugier dans la carcasse de l'avion et de se cacher là, à attendre. Mais elle suivit le groupe et plongea son regard dans la jungle. Il y eut un nouveau grondement et les cimes des arbres en tremblèrent. Un grand palmier qui se dessinait dans le ciel éclairé par la lune, entre deux collines, s'effondra brusquement, comme aspiré par le sol.

Faith croisa instinctivement les bras et se força à respirer. Inspirer, expirer, inspirer, expirer…

Le murmure effrayé des voix sur la plage fut couvert par un autre coup de tonnerre. Cette fois, l'écho dura plus longtemps, et fut suivi d'une réplique au timbre métallique, accompagnée d'une série de craquements. Faith écarquilla les yeux. Sur sa gauche, elle vit d'autres arbres s'effondrer, l'un après l'autre, presque au bord de la plage…

Wooooooo. L'étrange écho résonna une dernière fois, beaucoup plus calmement. Il y eut finalement un bruit sourd, presque silencieux. Et puis rien.

— Terrifiant, murmura quelqu'un dans le groupe devant Faith.

Pendant un long moment, personne ne prononça un mot. Faith eut l'impression qu'elle n'était pas la seule à oublier de respirer.

Après deux minutes, il sembla clair que, quoi que ce fût, ce qu'ils avaient entendu ne reviendrait pas – pour le moment du moins. Faith retourna vers le feu le plus proche, essayant de se convaincre qu'il devait y avoir une explication parfaitement logique et naturelle à ce qu'elle venait d'entendre. A mi-chemin, quelqu'un l'appela dans son dos.

Elle se retourna et vit George accourant vers elle. Elle ne l'avait pas encore croisé depuis l'incident avec l'araignée, et elle se demanda s'il était encore contrarié qu'elle ait aussi brusquement abandonné le ramassage des bagages. Mais il n'avait pas l'air d'y penser du tout.

— T'as vu ça ? demanda-t-il, en esquissant un geste vers la jungle. C'était quoi ce bruit-là ?

Une jolie blonde en minijupe blanche était assise à proximité, bras croisés.

— Je ne sais pas, répondit-elle à George, en fronçant le nez avec dégoût. Mais je m'en fiche. Si seulement les secours pouvaient arriver au plus vite…

— Sans blague, Shannon ! lança une voix nerveuse. Tu devrais essayer un nouveau refrain, parce que celui-là commence à s'user.

Faith leva les yeux et reconnut le jeune garçon assez beau qu'elle avait vu errer sur la plage en ramassant des stylos, plus tôt dans la journée. Il lança à Shannon un regard glacé.

— Ta gueule, Boone.

La jeune fille lui renvoya brièvement son regard et s'éloigna.

L'air un peu gêné, le garçon aux stylos – Boone – se retourna vers Faith et George.

— Ce… Ce brouhaha là-bas, c'était quoi d'après vous ?

Ils furent alors rejoints par Hurley, Claire, et un homme à barbe grise.

— Bon, vous avez tous entendu la même chose que moi, n'est-ce pas ? lança l'homme à la barbe avec un fort accent britannique. Ce n'était pas seulement mon imagination ?

— Mec, c'était dingue ! répondit Hurley.

— C'était fou, ajouta Claire, ses yeux ronds remplis d'angoisse. Qu'est-ce qui peut faire un bruit pareil ?

George secoua la tête.

— Bof, peu importe ce que c'est. Miss Environnement, ici présente, voudra sans doute le déclarer animal protégé et réclamer des fonds fédéraux pour sauver son habitat.

Cette remarque s'adressait bien sûr à Faith qui lui jeta un bref regard. Il lui fit un grand sourire et un clin d'œil, auquel elle répondit par un faible geste, souhaitant rester bonne joueuse. Elle savait qu'il plaisantait, cherchant probablement à détendre l'atmosphère, leur faire oublier un instant ce qui rôdait dans la jungle – et peut-être aussi à se faire pardonner pour ce qui s'était passé plus tôt.

Malgré tout, elle ne put s'empêcher de se sentir un peu blessée et vexée d'être la cible de sa plaisanterie. Comment osait-il se moquer d'elle ainsi ? Il ne la connaissait pas. Il ignorait tout de son passé, de ses espoirs, de ses rêves, de ses convictions. Il ne savait rien, à l'exception des quelques mots qu'ils avaient échangés plus tôt. Il ne savait sûrement pas combien le fait de voir d'innocentes créatures – ou des êtres humains, d'ailleurs – traités cruellement ou avec négligence, lui brisait le cœur, à l'image du fuselage éparpillé sur la plage. Il ignorait vraiment tout…

La mystérieuse femme qui était assise avec Jack un peu plus tôt, passa près du groupe. Elle avait l'air aussi abasourdi que les autres.

— Hé, lui lança Hurley, t'as entendu ça, pas vrai ? C'était quoi d'après toi ?

La femme sc dirigea vers eux.

— J'ai entendu, répondit-elle d'un air sévère. Je ne sais pas ce que ça peut bien *être* mais j'ai entendu…

— J'ai jamais vu une journée aussi invraisemblable, commenta Boone sans s'adresser à quelqu'un en particulier.

— Ne jamais dire jamais, mon gars, répondit l'homme à la barbe. On pourrait encore avoir un tremblement de terre, ou une éruption…

Il y eut quelques éclats de rire nerveux.

— Ne plaisante pas avec ça, mec, lui dit Hurley en jetant un regard inquiet vers les montagnes qui s'élevaient au-dessus de la jungle.

Les autres continuèrent à commenter l'incident, mais Faith s'éloigna en repensant à ce que George avait dit. Bien qu'il fût sympathique et attentionné en apparence, elle ne pouvait oublier la désinvolture avec laquelle il avait tué cette pauvre araignée sans défense. Cela donnait forcément une indication sur l'individu qui se cachait au fond de lui, n'est-ce pas ? Comme disait Gayle, *les actes, pas les mots*…

Quand elle prit conscience d'avoir les yeux rivés sur les flammes, elle les détourna rapidement vers l'obscurité froide de la jungle. Des éclairs colorés dansaient dans ses pupilles. Elle cligna les yeux, secoua la tête pour les faire partir, se frotta les paupières avec les mains puis les ouvrit à nouveau.

Les petits éclairs étaient toujours là, mais un peu plus faibles. Au travers, elle surprit un mouvement brusque, au niveau des premiers arbres. Ça n'avait rien d'effrayant comme les arbres qui venaient de s'effondrer. On aurait dit quelque chose de plus petit et moins menaçant.

Elle cligna des yeux à nouveau et fixa la jungle avec attention. Les formes individuelles des arbres étaient à peine visibles au clair de lune. Derrière, les détails du paysage se noyaient rapidement dans le noir. Avait-elle rêvé ce battement d'ailes brillant quelque part dans les arbres ?

Elle fit quelques pas vers le bois, se rappelant soudain avoir aperçu des plumes similaires juste après le crash. En s'éloignant du feu, elle fut saisie par la fraîcheur de la nuit, qui lui glaça le sang. Une vague d'épuisement gagna d'un coup tout son corps. Elle avait les jambes tremblantes et la tête lourde. Qu'elle eût vu ou non un oiseau spécial, extraordinaire ou pas dans la jungle, tout ça semblait avoir tout à coup beaucoup moins d'importance. Elle savait qu'elle pourrait s'estimer heureuse si elle arrivait à lutter contre le sommeil quelques minutes, juste assez pour trouver un endroit confortable où s'installer pour la nuit.

Claire lui effleura doucement le bras.

— Hé, Faith, lui dit-elle comme si elle avait lu dans son esprit, Hurley m'a rapporté des couvertures de l'avion. J'en ai une en trop si tu veux.

— Avec plaisir, répondit-elle en se frottant les yeux et en se rapprochant de la chaleur accueillante du feu. Merci…

Elle était pressée de mettre derrière elle cette longue et terrible journée.

6

Faith releva la tête, se frotta les yeux, s'étira, et repoussa le microscope d'un geste las. Elle prit quelques notes sur son carnet, soupira et jeta un œil à l'horloge murale du laboratoire. Dernièrement, elle n'était plus vraiment enthousiasmée par son emploi à mi-temps dans l'un des labos de recherche de l'université. La principale raison de ce manque de motivation résidait dans le travail que lui donnait Oscar et qui lui prenait toute son énergie. Et puis elle se sentait aussi coupable de venir encore ici, puisque c'était le Docteur Arreglo qui lui avait permis d'obtenir ce poste. Mais que pouvait-elle faire d'autre ? Elle avait des factures à payer…

— J'ai touché le gros lot, bébé !

La porte s'ouvrit brusquement, et Oscar apparut, un grand sourire aux lèvres, suivi de près par un jeune homme assez grand, avec un petit bouc, au visage vaguement familier. Faith scanna sa mémoire et finit par reconnaître le garçon d'Internet qu'elle avait aperçu avec son petit ami le week-end précédent, à la manifestation devant le siège de Q Corp.

Elle embrassa Oscar et adressa un sourire timide à l'homme à la barbiche.

— Tu es en avance, je ne décolle que dans une heure, tu te souviens ?

Oscar fit son geste d'impatience habituel.

— Pas grave, princesse, j'ai des nouvelles, de grandes nouvelles !

— Quoi donc ? demanda-t-elle patiemment, sans s'attendre à grand-chose d'extraordinaire.

Pour Oscar, l'expression *grandes nouvelles* pouvait signifier n'importe quoi : de bonnes prévisions météo pour leur prochaine manifestation, ou une retransmission spéciale de sa série préférée à la télé…

Il sourit et jeta un regard par-dessus son épaule au jeune homme derrière lui.

— Fais tes valises, chérie, on part en Australie !

— Quoi ? demanda Faith sans trop comprendre la blague.

— J'ai trouvé un sponsor pour le voyage !

Oscar, tout excité, parlait de plus en plus fort, et sa voix résonnait dans la pièce.

— Tout ce qu'on a à faire, reprit-il, c'est de nous planter quelques heures devant le siège australien de Q Corp et la Ligue Internationale pour les Animaux nous financera le voyage, l'hôtel et tout.

Faith secoua la tête. Elle essayait toujours de suivre…

— La Ligue quoi ?

— Z-Man vient aussi ! continua Oscar en ignorant la question. Et puis quelques mecs d'un peu partout dans le pays. Ça va être terrible !

Il envoya une bourrade dans le dos du jeune homme à la barbiche.

— Hmm, tu es sûr de tout ça ?

Faith ne pouvait s'empêcher de penser que c'était trop beau pour être vrai.

— Et c'est quoi le nom du groupe déjà ? Je ne crois

pas avoir jamais entendu parler d'eux. T'es sûr qu'ils sont réglos ?

Le sourire d'Oscar s'effaça et il la dévisagea avec colère.

— C'est quoi ton problème ? A chaque fois, il faut que tu te poses trop de questions, que tu analyses tout en détail, comme s'il s'agissait de l'un de tes stupides projets scientifiques. C'est une bonne nouvelle ! Une occasion de s'investir à fond, d'apprendre, de faire un pas décisif, d'avancer. Je pensais que ce genre de choses était important pour toi…

Faith sentait bien qu'il montait en pression, et pressentit une sacrée dispute. Mais elle ne voulait pas se fâcher devant Z-Man, qui observait la scène en silence, depuis la porte. En plus, même si elle ne connaissait Oscar que depuis un mois, elle savait qu'au moins la moitié de ses décisions ne prenaient pas effet. Quel mal cela pouvait-il faire de le laisser profiter de ce moment d'excitation ?

— Désolée, Oscar, dit-elle en forçant un sourire qu'elle espérait faire passer pour sincère et enthousiaste. Tu as raison. Ça a l'air d'une super opportunité.

— Voilà, c'est mieux…

Oscar s'était radouci, il prit Faith dans ses bras et déposa un léger baiser sur son front.

— Tu vas voir bébé, reprit-il, ce voyage va être génial.

Faith tâchait de garder un air enjoué en l'écoutant commenter les détails du voyage. Elle se dit qu'Oscar avait peut-être raison, finalement. C'était assez grisant d'aborder la vie ainsi, de rêver à quelque chose qu'on souhaitait faire, même en sachant que ce rêve ne se réaliserait jamais…

— Personnel de bord, préparez-vous pour l'atterrissage.

Faith fut brusquement tirée de son sommeil par le haut-parleur crachant son message juste au-dessus de son siège. Encore à moitié endormie, elle se tourna vers la fenêtre et plongea un regard ensommeillé dans les nuages au-dehors. Elle se dit qu'elle avait dû dormir un bon moment puisque l'avion amorçait sa descente sur Sydney.

Elle jeta un coup d'œil rapide à Oscar, assis à côté d'elle. Son haleine sentait la bière.

— Tu peux croire ça, chérie ? On y est…

— Non, répondit-elle en serrant les accoudoirs et en fixant le siège devant elle, alors que le gémissement des moteurs de l'avion s'intensifiait légèrement. Je n'arrive pas à y croire…

Ces dernières semaines s'étaient avérées vraiment surprenantes. Faith se sentait encore un peu à la traîne.

Quelques minutes plus tard, les roues touchèrent la piste. Ignorant le signal *attachez vos ceintures* encore allumé, Oscar sauta de son siège dès qu'il pût. Faith resta à sa place, et garda les yeux rivés sur ses mains posées sur la ceinture, qu'elle avait soigneusement attachée. Derrière elle, elle l'entendait qui discutait bruyamment avec d'autres membres de leur bande.

Elle avait toujours pensé faire ce voyage en Australie, mais avec sa sœur. Bien sûr c'était impossible désormais, mais elle n'arrivait toujours pas à réconcilier la réalité avec l'image qu'elle s'en était faite. Elle devait pourtant regarder les choses en face : Oscar, elle et une bande de…

Drôles d'oiseaux, pensa-t-elle, un peu honteuse de la sévérité de son jugement. Elle ne se considérait pas comme quelqu'un d'obtus, mais les quatre autres jeunes financés par la Ligue Internationale pour les Animaux se révélaient assez fidèles à l'image qu'elle s'en était faite a priori…

— Allez, réveille-toi, paresseuse, lui lança Oscar en revenant à son siège, un grand sourire aux lèvres. Nous sommes arrivés.

Il l'embrassa sur le front avant de se relever et de se mettre à fouiller dans le compartiment au-dessus des sièges.

Faith cligna des yeux, regarda à l'extérieur de l'avion. Il avait raison : l'appareil était immobile, le signal lumineux éteint, et les gens debout récupéraient leurs affaires. Elle bâilla, s'étira et se leva.

— Allez les enfants !

Une petite femme trapue, aux cheveux frisés et à la voix forte, remontait l'allée encombrée de monde jusqu'aux sièges d'Oscar et de Faith. Elle s'arrêta devant celle-ci et lui fit un grand sourire, puis déclara le poing dressé :

— C'est l'heure d'aller s'attaquer à la tyrannie mondiale du capitalisme, ma sœur.

Faith lui sourit timidement en retour, embarrassée par les regards curieux des autres passagers autour d'elle. La femme, qui s'appelait Rune, semblait passer vraiment beaucoup de temps à s'époumoner contre la *tyrannie mondiale du capitalisme*. Elle parlait également très souvent de révolution armée contre cette même tyrannie mondiale, et pouvait s'avérer embarrassante, surtout lorsqu'elle se lançait dans une grande tirade au beau milieu de l'aéroport de Los Angeles, en partance pour l'Australie…

Rune disparut un peu plus loin dans l'allée, se mêlant au flot de gens qui descendaient de l'avion.

Faith attrapa son sac dans le compartiment réservé à cet effet, sortit de l'appareil derrière Oscar, et emprunta la passerelle qui menait à l'aéroport.

Tous deux retrouvèrent Rune qui les attendait juste à la sortie du couloir, accompagnée d'un jeune homme un peu fort d'une vingtaine d'années, au visage juvénile, que l'on ne connaissait que sous le surnom de Junior.

— Où sont les autres ? demanda Rune de sa voix forte, impatiente.

— Relax, ils arrivent.

Faith ne put s'empêcher de remarquer qu'Oscar parlait à ces étrangers comme s'il les connaissait depuis des années.

Comment avaient-ils pu se lier d'amitié aussi rapidement ? Pour autant qu'elle sût, ils ne s'étaient jamais vus avant de se retrouver à LAX[1] – bon, à l'exception de Z-Man, l'un de ceux qui se trouvaient encore dans l'avion.

Je suppose qu'Oscar a un peu le même caractère que Gayle, pensa Faith avec une pointe de mélancolie, *elle aussi nouait des liens très facilement.*

— Ta da ! Yo, nous voilà ! Bon, allez, que la fête commence.

Un homme d'une cinquantaine d'années, maigre, avec une longue queue de cheval brune et une grande barbe grise sortait de la passerelle en écartant solennellement les bras. On l'appelait Mo. Aucun de ces individus ne semblait utiliser son vrai nom, pour l'instant. Il ressemblait à un vieil hippie, même si son langage tenait plus du chef de gang de banlieue.

Z-Man suivait, un peu moins pressé, en tirant der-

1. Abréviation courante pour « Aéroport de Los Angeles ». *(N.d.T.)*

rière lui un sac sur roulettes bien trop gros pour passer en cabine comme bagage à main. Fidèle à lui-même, il se taisait. Il rejoignit le groupe et dévisagea un à un chacun de ses camarades.

Faith s'efforça de sourire aux autres qui commentaient le vol et la suite du programme avec enthousiasme. Dans son esprit embrumé revenait pour l'instant inlassablement la même question : Oscar et elle allaient-ils devoir passer tout leur séjour flanqués de leurs nouveaux « amis » ?

Au bout d'un moment, elle réalisa que leur conversation tournait désormais autour du cas Arreglo – un sujet qui la mettait mal à l'aise à chaque fois qu'il surgissait, c'est-à-dire beaucoup trop fréquemment. Pour le moment, ils étaient occupés à trouver de nouvelles insultes qu'ils pourraient crier pendant son discours.

— Qu'est-ce que vous pensez de « Violeur de Planète » ? suggéra Rune, s'attirant, à cause de sa grosse voix, quelques regards inquisiteurs de passants inquiets.

Junior laissa échapper un rire bref, qui fit trembler son double menton. Il prononça quelques mots en réponse à Rune, mais sa voix était si faible et il parlait si vite que Faith ne put suivre.

— Pas mal, mec, lança Mo en souriant et en lui tapant dans la main.

— Oh, attends, j'ai mieux, reprit Rune avec empressement. « Le cinglé de la jungle ».

Oscar éclata de rire.

— Moi j'aime ! Et « Wishy Washy Wuss » ?

Z-Man ouvrit enfin la bouche.

— Moi, je préfère « L'Assassin ». Simple et efficace.

— Appelez-le comme vous voudrez, déclara Mo, moi je choisis…

Faith grimaça en entendant le vieux se lancer dans une série d'insultes qui aurait fait rougir n'importe quel rappeur de la Côte Ouest. Elle était impressionnée par la violence de l'hostilité de ses compagnons à l'égard d'Arreglo. Avait-il commis un acte si grave ?

Oui, sans doute, pensa-t-elle en se rappelant les serpents sans défense qui perdraient leur habitat à cause de lui. Mais une fois encore, il s'agissait d'un être humain…

— Allez, assez traîné, lança Rune en frappant brusquement dans ses mains. Allons retrouver notre chauffeur.

Elle se retourna ensuite vers la sortie.

Faith fut surprise mais soulagée lorsqu'elle aperçut une femme tenant une pancarte « DÉLÉGATION LIA ». Elle ne savait pas trop à quoi ressemblerait leur hôte, mais elle ne s'attendait certainement pas à être accueillie par une belle femme d'une quarantaine d'années, de petites rides au coin des lèvres et les cheveux blonds coupés court. Avec son regard lumineux et sa tenue sportive mais élégante, elle serait facilement passée pour un professeur du département de bio de l'université.

— B'jour tout le monde, déclara-t-elle en s'avançant vers le groupe. Laissez-moi deviner, vous devez être la bande d'écolos que je cherche.

Elle avait une voix aimable avec un fort accent australien. Faith était gênée. Etaient-ils si faciles à repérer ?

— Tu dois être Faith, lui dit-elle en lui souriant chaleureusement. Je suis Tammy. Bienvenue en Australie ma chère.

Faith lui rendit timidement son sourire, surprise d'être appelée par son prénom.

— Enchantée, répondit-elle. Merci d'être venue nous chercher.

Ils allèrent récupérer leurs sacs, et suivirent ensuite Tammy jusqu'au van qui devait les conduire à leur hôtel. Faith et Oscar s'installèrent sur les sièges du fond.

Oscar glissa un bras autour d'elle et le van quitta le parking de l'aéroport.

— C'est pas génial, bébé ? murmura-t-il à son oreille. Cette semaine va être la plus intense de notre vie.

Faith se sentit mieux. Jusque-là, elle se demandait en effet s'il se souvenait encore de sa présence. Elle acquiesça doucement ; après tout il avait peut-être raison.

— Tu vas enfin rencontrer en personne tous ces super serpents venimeux, continua-t-il en la pinçant doucement. Réaliser tes rêves. Et nous aurons tous les deux l'occasion de faire quelque chose sur cette planète. De grandes choses. Ce voyage va changer notre vie, tu vas voir…

7

— Excusez-moi, mademoiselle, vous n'auriez pas vu passer mon chien par ici ?

Faith était en train de remuer les braises du feu qui menaçait de s'éteindre. Elle leva les yeux et distingua devant elle, dans la lumière du matin, un garçon de neuf ou dix ans. Elle l'avait déjà repéré la veille – ce devait être le seul enfant ayant survécu à l'accident. Elle s'était d'abord inquiétée à son sujet et puis elle avait vu qu'il était systématiquement accompagné d'un homme au visage avenant qu'elle avait supposé être son père.

Pourtant, ce dernier n'était nulle part en vue pour le moment. Faith fit un sourire au jeune garçon.

— Désolée, je n'ai pas vu de chien. Mais je te dirai si j'en vois un. Au fait, je m'appelle Faith et toi ?

— Walt. Et mon chien s'appelle Vincent.

Le garçon tendit la laisse en nylon rouge qu'il tenait dans une main.

— Il était dans l'avion – enfin dans la soute. Mais je n'arrive pas à le retrouver. C'est un labrador fauve, à peu près de cette taille-là…

Il indiqua la hauteur du chien d'un geste de la main.

— Désolée, répéta Faith. Je suis sûre que tu vas très vite le retrouver.

Elle grimaça presque immédiatement après avoir

prononcé ces mots. Pourquoi avait-ellle dit ça? Il était probable que Vincent ne réapparaîtrait pas, ni aujourd'hui, ni jamais... Petite, elle ne supportait pas les mensonges bien intentionnés des grandes personnes lorsqu'elle posait des questions importantes, sur la vie et la mort par exemple. Et puis, elle ne supportait pas non plus d'être ensuite mise au courant par quelqu'un d'autre – sa sœur Gayle en général – de la dure vérité...

Elle réalisa que Walt était encore en train de parler.

— Excuse-moi, que disais-tu ?

Walt haussa les épaules, jouant distraitement avec sa laisse en la faisant passer d'une main à l'autre.

— Je disais que Vincent pourrait être utile à ceux qui cherchent le cockpit. Ça fait un moment qu'ils sont partis vous savez.

— Qui ça? Tu veux dire que quelqu'un est parti chercher les restes de l'appareil ?

Faith jeta un bref coup d'œil aux morceaux de fuselage les plus proches. Ils prenaient un aspect encore plus dramatique sous la lumière crue du soleil levant.

— Oui, c'est ce que je viens de dire.

Cette fois, il y avait une pointe d'agacement dans la voix de Walt.

— Il y avait Charlie, cette dame qui s'appelle Kate et le docteur là, comment s'appelle-t-il déjà ?

— Jack ?

Faith ne savait pas trop qui était Charlie et Kate – elle ne connaissait le nom que d'une poignée de survivants – mais elle était contrariée, sans trop savoir pourquoi, à l'idée que Jack soit parti à la recherche d'autres débris de l'avion.

Avec les bruits étranges qu'ils avaient entendus la veille, était-ce vraiment une bonne idée de laisser leur unique docteur se promener dans la jungle ? Et s'il ne revenait pas ? Qu'adviendrait-il de l'homme à la jambe à moitié arrachée, ou de Claire, enceinte, ou de cet homme inconscient, avec la tige de métal dans le ventre, ou encore de cette demi-douzaine d'autres blessés qui avaient désespérément besoin de soins ?

— Oui, c'est ça, Jack.

Walt ne prêtait clairement plus aucun intérêt à cette conversation.

— Bon, je retourne chercher Vincent.

— D'accord.

Faith remarqua à peine que l'enfant s'éloignait. Elle entendit juste le grondement sourd du tonnerre – le vrai tonnerre cette fois, et non le mystérieux fracas métallique qui avait résonné la veille. Elle regarda en direction du bruit et remarqua à l'horizon de lourds nuages noirs qui s'approchaient. La brise de mer s'était levée et les nuages filaient vers la plage.

En quelques secondes, la pluie se mit brusquement à tomber à torrents, comme si quelqu'un avait soudain ouvert le robinet. Sur la plage, tout le monde courut se mettre à l'abri sous les morceaux de fuselage, ou bien là où ils pouvaient.

— Faith ! Par ici !

Elle se retourna et aperçut George entre les gouttes qui lui faisait des signes. Il s'était abrité sous un large morceau de métal en saillie. Elle se couvrit le visage de ses mains et courut vers lui.

En arrivant sous cet abri de fortune, elle entendit George marmonner des injures et souffler bruyamment.

— Qu'y a-t-il ? demanda Faith en reprenant son souffle.

Il avait les yeux fixés vers la jungle à l'autre bout de la plage.

— Exactement ce qu'il nous fallait, murmura-t-il.

Le cœur de Faith s'arrêta de battre. Elle avait suivi le regard de George et vit les arbres à nouveau balancer et pencher dangereusement. Le bruit mystérieux était de retour lui aussi. Faith se rappela que Jack et les autres étaient toujours quelque part dans la jungle, et fut secouée par un frisson d'horreur.

— Mais qu'est-ce que c'est que cet endroit ? soupira-t-elle si doucement que les mots se perdirent, couverts par le fracas de la pluie.

Elle ne savait pas trop combien de temps elle était restée plantée devant les arbres, alors même que le bruit s'était tu. Finalement, la pluie avait cessé aussi brusquement qu'elle avait commencé.

En quelques minutes, les derniers nuages noirs avaient disparu derrière l'horizon, laissant derrière eux un ciel bleu magnifique et une légère brise. Le soleil réchauffait rapidement l'air humide et commençait à assécher les flaques d'eau sur la plage.

Faith acheva d'essorer l'ourlet de son chemisier. Elle regardait autour d'elle en cherchant quelque chose à faire. Les gens allaient et venaient, par groupe de deux ou de trois, à l'exception d'un homme presque chauve d'une cinquantaine d'années qui fixait l'océan, assis au bord de l'eau. Elle l'avait déjà remarqué plusieurs fois parce qu'il était visiblement toujours tout seul, un peu à part. Comme elle.

Le laissant à sa contemplation solitaire, elle remonta la plage. Elle croisa deux jeunes femmes qui bavardaient en marchant, un homme qui courait, une valise à la main. Sayid était en train d'alimenter un des feux de détresse. L'homme à la cigarette de la veille – qui s'appelait Sawyer d'après Claire – se tenait dans l'ombre et observait Sayid. Claire était assise au soleil, sur la partie la plus plate de la plage. Son ventre semblait la gêner. A côté d'elle, était allongée une blonde en petit bikini – celle que Boone, l'homme aux stylos, avait appelé Shannon.

Faith remarqua que George, Boone et deux autres personnes qu'elle ne connaissait pas étaient en train de fouiller dans les bagages ramassés par George qu'ils avaient déplacés au milieu de la plage. Elle aperçut le jeune homme prendre un coupe-vent en nylon et le pendre à un morceau de fuselage. Après cette bonne nuit de sommeil, elle se sentait un peu coupable de ce qu'elle avait pensé de lui jusque-là. Sa réaction avait peut-être été un peu disproportionnée pour l'histoire de l'araignée. Tout le monde ne traitait pas les arachnides comme Gayle lui avait appris à le faire. Nombreux étaient ceux qu'elles effrayaient. George méritait sans doute le bénéfice du doute, malgré ce qu'il avait fait. Parce que après tout, il était ce qu'elle voyait de plus ressemblant à un ami dans cet étrange et effrayant environnement.

Elle se dirigea vers lui.

— Hé, lança-t-elle timidement, vous avez besoin d'aide ?

George se redressa, essuya du revers de la main la sueur qui perlait sur son front.

— Bien sûr, mon cœur. Les deux que tu vois là-bas, le jeune homme ici et moi-même, on était en train de faire du tri dans les bagages qu'on a ramassés.

Boone abandonna la fouille d'un sac marin en cuir et leva les yeux vers elle.

— Nous cherchons tout ce qui pourrait nous être utile, ajouta-t-il. Des vêtements, des chaussures, des médicaments…

Faith hocha la tête.

— Bonne idée.

Elle jeta un coup d'œil à la pile de sacs, dans l'espoir d'apercevoir sa valise en toile verte. Mais elle ne la vit nulle part.

— Tiens.

Une vieille dame aux cheveux bruns rougeoyants qui les accompagnait tendit à Faith une paire de Keds blanches.

— Tu vas avoir besoin de ça. Elles devraient être à ta taille, je pense.

Faith eut d'abord un mouvement de recul, en pensant que ces chaussures appartenaient à quelqu'un sur la plage, ou à un des corps restés dans le fuselage. Mais la femme lui souriait en les lui tendant, s'attendant clairement à ce qu'elle les prît. A contrecœur, Faith accepta. L'inconnue avait raison, elle en avait besoin. Ses pieds nus étaient couverts d'écorchures et d'ampoules, et à chaque fois qu'elle marchait sur la plage couverte de débris coupants, elle risquait de se blesser sévèrement.

Elle s'assit sur le sable et enfila les baskets. Elles s'avérèrent d'une demi-taille trop grande, mais elles feraient néanmoins l'affaire.

— Merci, répondit-elle à la femme.

— Hé les mecs !

Hurley rejoignit le groupe en courant, soufflant et haletant à cause de l'effort qu'il venait de fournir.

— Faith, tu es là. Je te cherchais.

— Moi ?

— Oui. On m'a dit que tu étais un peu écolo et tout ça. C'est vrai ?

Faith trouva la question surprenante. Elle avait discuté plusieurs fois avec Hurley la veille, mais ils n'avaient jamais parlé de leur situation.

— Ouais, c'est celle qu'il faut voir pour ces trucs, intervint George, les bras chargés de chemises.

Faith rougit, devinant qu'il avait dû parler d'elle à Hurley. La veille, dans l'après-midi, alors qu'ils commençaient à rassembler les bagages, George lui avait posé des questions sur son doctorat et elle lui avait donné quelques détails sur son passé. Il avait également lancé quelques blagues à son sujet près du feu, et Hurley se trouvait là.

— Je suppose que oui, pourquoi ? répondit-elle prudemment, alors que George s'éloignait.

Ça lui faisait bizarre de réaliser que l'on pouvait parler d'elle dans son dos.

— Alors tu dois probablement savoir quelles plantes de la jungle on peut manger sans danger, n'est-ce pas ? Je sais pas si tu l'as remarqué, mais nos réserves de nourriture se réduisent… sérieusement. Je me disais que tu pourrais nous aider à trouver quelque chose à manger.

— Bien sûr. Mais ma spécialité, c'est les reptiles et les amphibiens, pas les plantes.

En voyant le visage d'Hurley se décomposer, elle ajouta :

— Oh, mais je m'y connais un peu en botanique quand même. Je ferai ce que je peux. Si jamais ça devient nécessaire.

Elle était persuadée qu'ils seraient secourus bien avant d'en arriver là. Peut-être même aujourd'hui. Mais elle était heureuse de pouvoir rassurer Hurley d'ici là.

— Super !

Hurley s'illumina d'un sourire.

— Hé, les gars ! lança une nouvelle voix.

Faith se retourna et vit le père de Walt courir vers eux. Il se présenta rapidement. Il s'appelait Michael.

— Vous n'auriez pas vu mon garçon ? demanda-t-il anxieusement. S'appelle Walt, à peu près cette taille.

Il leva la main pour indiquer la hauteur du garçon.

— Désolé, mon vieux, on l'a pas vu, répondit Hurley.

Boone et George haussèrent les épaules.

— Je l'ai vu il y a un petit moment, dit Faith. Avant l'averse. Il cherchait son chien.

Michael soupira.

— Zut ! Il n'a pas encore laissé tomber ? grommela-t-il. Ça commence à faire long. Il était avec moi pendant l'orage. J'ai dû perdre sa trace juste après.

Alors que Michael s'éloignait, Faith dévisagea les autres, inquiète.

— J'espère que Walt n'est pas parti chercher son chien dans la jungle. Sinon…

— Faith, la coupa Hurley en secouant la tête. Vaut mieux ne pas y penser.

Elle se doutait bien qu'il avait la même chose qu'elle en tête.

— On devrait peut-être l'aider à chercher, non ? Aller voir dans la jungle ?…

Hurley haussa les épaules, sceptique. Mais George fit un bref signe de tête.

— Faith a raison, dit-il. Si le petit Walt traîne par là-bas, nous devrions aider son père à le retrouver et à le ramener.

Il remarqua le regard surpris de Faith et ajouta :

— Je suis papa moi aussi… Et puis en plus, on pourra regarder si on trouve d'autres bagages tant qu'on y est. D'une pierre deux coups…

La femme aux cheveux roux et deux autres restèrent en arrière et continuèrent à fouiller dans les affaires.

Faith, George, Boone et Hurley se dirigèrent vers les arbres.

— Michael se rendait dans cette direction, dit George. Allons-y.

Il montra du doigt un bosquet de longues tiges de bambous qui penchaient mollement au-dessus du sable de la plage.

Le contraste entre la fraîcheur à l'ombre de la végétation et le soleil brûlant sur la plage était agréable. Faith emboîta le pas aux hommes qui suivaient une espèce de trace laissée par un animal. Ils criaient le nom de Walt.

Ils cherchaient depuis une dizaine de minutes lorsque Faith découvrit une petite valise rouge à moitié dissimulée dans un tas de feuilles à quelques mètres du chemin. Elle courut la récupérer. Alors qu'elle se penchait pour l'atteindre, elle sentit quelque chose bouger juste devant elle. Elle leva les yeux et souffla si fort que les autres l'entendirent et coururent vers elle.

— Qu'est-ce que c'est ? demanda George, inquiet, en écartant les bambous qui le séparaient d'elle. Tout va bien Faith ?

Elle regardait partout autour d'elle, cherchant à suivre la trace de l'oiseau. Mais il volait trop vite, et disparut au-dessus de la cime des arbres.

— Cet oiseau, s'exclama-t-elle, en cherchant encore à l'apercevoir, en vain. Je suis sûre de l'avoir déjà vu hier…

A ce moment, tout le monde l'avait rejointe.

— Hé, vous avez aperçu l'avion des secours ou quelque chose ? Tu as l'air si excitée.

— Non, rien à voir, répondit Faith le souffle court. Je crois que j'ai vu un *Psephotus pulcherrimus*, un Perroquet du Paradis !

Les trois hommes s'échangèrent des regards dubitatifs.

— Hmm, d'accord, dit Hurley, et en quoi c'est si excitant ?

Faith rit en voyant l'expression confuse sur son visage. Elle se sentait prise d'un vertige.

— Les Perroquets du Paradis sont supposés avoir disparu depuis les années vingt. S'il en reste ici, c'est une grande nouvelle !

— Ouais, dit Boone doucement. Si tu le dis. Mais, sans vouloir te contredire, tu es sûre de toi ? Il doit y avoir des milliers d'espèces d'oiseaux et il y en a forcément qui se ressemblent.

— Je suis sûre de moi, répondit Faith. Enfin, presque sûre. Je veux dire : je ne l'ai qu'entr'aperçu. Mais ma sœur collectionnait des vieilles gravures d'espèces éteintes. Il y en avait une représentant un Perroquet du Paradis qui est restée dans la salle de bains pendant des années. Je connais chacune de ses plumes. Si je pouvais le voir de plus près, je pourrais en avoir le cœur net.

Chaque parcelle de son corps vibrait d'enthousiasme. Etait-ce possible qu'il y eût encore des Perroquets du Paradis par ici ?

— En tout cas, ça prouve que nous sommes bien sur une île, comme le disait quelqu'un hier, ajouta-t-elle distraitement en continuant à chercher l'oiseau dans la cime des arbres. C'est la seule explication pour qu'ils n'aient pas été découverts pendant aussi longtemps. Je crois que j'ai vu où il s'est enfui. Si je me dépêche, j'arriverais peut-être à le rattraper et à le voir de plus près.

— Attends, dit Boone en posant une main sur son épaule, alors qu'elle était déjà prête à se lancer à sa poursuite. Je ne suis pas certain que ce soit une bonne idée.

Hurley secoua la tête vigoureusement.

— Oui, dit-il en frémissant. Tu n'as certainement pas envie de tomber sur… tu sais…

— Et puis qui s'intéresse à un stupide oiseau? ajouta George, visiblement irrité. Nous avons d'autres priorités pour l'instant.

Elle était encore troublée par cette rencontre inattendue et le commentaire de George la laissa sans voix. N'avait-il donc rien entendu de ce qu'elle venait de dire ? Malgré leurs problèmes, rien ne pouvait être plus important que de savoir s'il s'agissait bien d'un Perroquet du Paradis.

— Vous ne saisissez pas, dit-elle d'un ton pressé. Tout le monde pense que c'est une espèce disparue depuis des années. Vous ne réalisez donc pas ce que ça représente d'en trouver un vivant ici ?

Elle cherchait les mots justes pour l'en convaincre.

— C'est comme avoir une chance de retrouver quelque chose que l'on croyait perdu pour toujours, quelque chose d'unique…

— Redescends sur terre, répondit George en levant les yeux au ciel. Les jolis oiseaux c'est très bien. Mais les êtres humains d'abord…

— Peu importe, les coupa Boone, impatient. Ce n'est vraiment pas le moment de se disputer à propos de ça, les amis. Le plus important, c'est de rester en vie jusqu'à ce qu'on vienne nous chercher, non ?

Il lança un sourire d'excuses à Faith.

— Sinon personne ne saura jamais rien de cet oiseau.

George fixait toujours Faith, comme s'il n'avait rien entendu de ce qu'avait dit Boone.

— Tu sais, si les amoureux de la nature comme toi passaient un peu moins de temps à sauver le moindre volatile, insecte ou lézard, peut-être que vous pourriez trouver des solutions aux vrais problèmes de la planète.

— Ecoutez, coupa Hurley, nous devrions peut-être…

Faith ne l'entendit pas.

— Vous plaisantez ? cria-t-elle, outrée par l'attitude de George. La plupart des *vrais* problèmes de la planète ont tous à voir avec la préservation des espèces. Nous faisons tous partie de cette planète, vous savez, et…

Il ne la laissa pas finir.

— Ouais, c'est ça, dit-il en donnant un coup de pied dans une petite pousse de bambou. Une grande planète toute verte. J'ai déjà entendu ça, et je suis pas convaincu. Vous autres n'avez jamais entendu parler de la loi du plus fort ? Hein ? Pourquoi devrait-on dépenser du temps et de l'argent à protéger des bestioles qui ne se débrouillent pas toutes seules ? Si tu veux mon avis, cela va à l'encontre des lois de la nature.

Faith prit sa tête entre ses mains, se demandant ce qu'elle allait lui répondre. Elle avait déjà entendu ce genre d'arguments qui la rendaient folle et la frustraient à chaque fois. Est-ce qu'il pensait vraiment ce qu'il disait ? Croyait-il vraiment que c'était aussi simple ?

La loi du plus fort ? se répéta-t-elle, au bord des larmes. Le visage de Gayle apparaissait devant ses yeux. *Je suppose qu'il pense la même chose des gens malades…*

— Enfin bref, tu me déçois beaucoup, ma chérie, reprit George, sans imaginer à quel point il l'avait troublée. Je ne t'aurais jamais cataloguée comme radicale. Tu avais l'air trop futé pour ça.

— Je ne suis pas une radicale, protesta Faith.

Mais sa voix était faible et elle sentait que cela ne servait à rien de continuer à argumenter. George ne savait rien d'elle, et elle commençait à se dire qu'il ne souhaitait pas creuser.

— Bon, d'accord, occupons-nous de Walt.

— Voilà qui est mieux, conclut George satisfait. Allons par là. Walt ! Walt ? Tu es là, petit ?

Les autres suivaient sans oser dire grand-chose. Faith se traînait derrière eux, partagée entre l'euphorie après ce qu'elle venait de voir et la culpabilité d'avoir cédé si facilement aux invectives de George. N'avait-elle pas retenu cette leçon-là, depuis le temps ?

Mais cela ne servait à rien. Elle n'avait jamais su débattre. Sous la pression, ses émotions prenaient vite le contrôle de son esprit. C'était la raison pour laquelle elle évitait toujours les confrontations…

8

— Le Docteur Arreglo va pouvoir répondre à vos questions maintenant.

— Moi, j'ai une question pour le salopard !

Faith grimaça en reconnaissant la voix bourrue de Mo. Il ne tenait pas en place, sautillait, criait et faisait de grands gestes.

— Comment fait-il pour se supporter tous les jours ? lança-t-il. C'est ça ma question.

La foule nombreuse qui s'était rassemblée pour écouter le Docteur Arreglo, tendait le cou pour essayer d'apercevoir Mo. Faith pouvait presque sentir les regards se poser sur leur petit groupe de drôles de numéros. Elle était gênée d'être vue avec eux, et alla se glisser derrière Oscar qui, par bonheur, était temporairement séparé des autres par deux hommes imposants, en costume. Ceci dit, Oscar ne l'aida pas beaucoup dans sa tentative de camouflage lorsqu'il tendit ses deux index vers la scène en criant :

— Arrêtez cet homme pour crime contre la nature !

Faith tourna la tête vers les marches du Convention Center qui servait d'estrade pour la conférence de presse. A cette distance, le Docteur Arreglo avait l'air d'un petit point, entouré des organisateurs de cette assemblée, de gardes du corps et des médias. Malgré tout, Faith eut peur d'être reconnue. Elle aurait aimé pouvoir remonter le temps et trouver un moyen d'éviter ce voyage.

— Arreglo pue ! cria-t-on à l'arrière de la foule.

Il y eut quelques hourras dispersés. Rune, qui était perchée en équilibre sur les épaules de Junior, brandit le poing.

— En avant ! s'époumona-t-elle. Luttons contre le pouvoir !

Faith regarda autour d'elle, anxieuse. De toute évidence, ses compagnons n'étaient pas les seuls protestataires à la conférence de presse. La foule marmonna, et le murmure enfla à mesure que les gens réagissaient aux commentaires hostiles lancés çà et là. C'était comme si des nuages avaient brusquement couvert le beau ciel bleu d'une journée ensoleillée. L'atmosphère sentait le soufre, la situation était explosive.

— Stoppez le traître ! cria Rune.

Faith regarda Oscar.

— Tu es sûr qu'on est en sécurité ici ? lui demanda-t-elle.

Sa voix était presque complètement couverte par le brouhaha. Il lui sourit, mais ses yeux étaient occupés à scruter l'assemblée.

— T'inquiète pas bébé, je suis sûr que…

La fin de sa phrase fut couverte par une soudaine rumeur de la foule. Du coin de l'œil, Faith eut à peine le temps de voir voler quelque chose – une bouteille de soda peut-être ? – au-dessus des têtes et atterrir devant les marches.

— Bon, ça suffit ! cria un policier australien, en se dirigeant vers le groupe de Faith, flanqué de ses adjoints.

La jeune fille avala sa salive, se demandant si le projectile avait été lancé par un de ses camarades. Elle n'en aurait pas été vraiment surprise. Elle était sûre qu'Oscar n'avait rien fait, au moins, puisqu'elle le regardait au moment où l'incident avait eu lieu.

La clameur de la foule s'intensifia. Faith se retourna et vit Arreglo se faire conduire en lieu sûr par deux officiers. Elle était soulagée de voir qu'on l'avait sorti de là avant que la situation ne dégénère.

— OK, les enfants, intervint un officier blond très bronzé qui les avait rejoints. Vous pouvez m'expliquer ce chantier ?

— Attention ! Voilà les cochons ! cria Rune.

Faith grimaça. Elle aurait souhaité s'enfoncer dans le sol et disparaître. Comment donc avait-elle atterri dans cette histoire ? Elle se figea d'horreur en voyant deux officiers s'agripper à Rune pour la faire descendre des épaules de Junior et les retenir ensuite tous les deux.

— Ne les touchez pas ! lança Oscar, en chancelant.

— Attends, lui dit-elle en s'accrochant à sa manche alors qu'il essayait de rejoindre ses camarades. Ne fais rien de stupide, d'accord ?

Elle jeta un regard anxieux vers Rune, qui prenait des airs mélodramatiques pour se battre contre le policier qui la tenait. Junior et Mo avaient aussi plongé dans la mêlée, criant et jouant des coudes. Quant à Z-Man, il semblait avoir disparu dans la foule. Oscar était prêt à foncer dans le tas, mais quand Faith lui serra le bras, un peu plus fort cette fois, il haussa les épaules et se laissa tirer en arrière.

— Tu as peut-être raison, mon cœur. Il vaut mieux dégager d'ici tant qu'on le peut encore.

Ils se glissèrent dans la masse, en direction du trottoir opposé au Convention Center. La situation était beaucoup plus calme, à l'arrière du rassemblement ; ils passèrent devant un homme qui tenait une caméra.

Il filmait une jolie reporter essayant d'interviewer des gens.

— Excusez-moi ! cria la journaliste avec un fort accent américain en direction d'Oscar. Je voudrais vous poser quelques questions.

Faith eut un mouvement de recul, certaine qu'Oscar allait s'arrêter. Il n'y avait rien qu'il aimait tant que de profiter de la presse pour râler à tout bout de champ. En général, il ne prenait même pas la peine d'attendre la fin des questions pour balancer son opinion à la première caméra venue.

A sa grande surprise, pourtant, cette fois, il ne ralentit même pas. Il l'attrapa par le bras, rentra la tête dans ses épaules et la tira brusquement de l'autre côté de la journaliste, tout en écartant le micro qu'elle lui tendait.

Un peu plus tard, ils tournèrent à un carrefour, dans une petite ruelle plus calme.

— Qu'est-ce qui t'arrive ? demanda-t-elle, haletante, s'appuyant à un réverbère pour reprendre son souffle. J'aurais juré que tu voudrais parler à cette journaliste.

Il écarta la question d'un geste impatient.

— Je ferais mieux d'appeler Tammy, dit-il en plongeant une main dans la poche de son jean, pour trouver son portable. Elle peut venir nous prendre ici, et nous lui raconterons pour les autres.

Faith attendit pendant qu'il passait son coup de fil. Après qu'il eut raccroché, son visage s'éclaira à nouveau. Il jeta un coup d'œil par-dessus son épaule vers le carrefour. On entendait encore la rumeur de la foule, ponctuée de hurlements et de vociférations.

— C'était trop bon ! s'écria-t-il. On dirait bien que tout le monde s'oppose à Arreglo, désormais !

— Je ne sais pas si tu peux dire *tout le monde*,

murmura-t-elle doucement, exaspérée par la tendance systématique d'Oscar à tout exagérer.

En se retournant vers elle, Oscar lui adressa un regard qui la surprit.

— Et toi, princesse ? demanda-t-il avec un vif empressement, tu ne comprends toujours pas que nous devons faire tout ce qui est en notre pouvoir pour arrêter Arreglo avant qu'il ne soit trop tard ? Vraiment tout, sans retenue...

Elle haussa les épaules.

— Je ne sais pas, marmonna-t-elle. Ecoute, tu ne crois pas qu'on devrait trouver un commissariat et...

— Ne détourne pas la conversation, chérie !

Il avait l'air presque en colère.

— Je t'ai posé une question. Tu vas me répondre ?

— Et en quoi ça t'importe de savoir ce que je pense ? demanda-t-elle, désormais sur la défensive. Je suis là, non ? Je suis pour de bon du côté de ceux qui défendent la planète. Mais...

Elle était sur le point de poursuivre, d'avouer qu'elle commençait à penser qu'une mauvaise décision prise par quelqu'un ne devait pas mettre un terme définitif à une relation. Après tout, le Docteur Arreglo avait toujours été là pour elle, et rare étaient ceux sur lesquels elle pouvait compter.

Pense avec ta tête, ma puce, pas avec ton cœur, lui reprochait doucement la voix de Gayle dans sa tête.

Elle prit une profonde inspiration. Elle savait que les mots de sa sœur étaient sensés. Le moment était mal choisi pour avoir une discussion sérieuse, nuancée, sur ses sentiments à l'égard d'Arreglo – d'autant plus qu'elle ne savait pas où elle en était elle-même. Ils étaient tous les deux sur les nerfs, à cause de ce qu'ils venaient de vivre. Le mieux, c'était encore de le laisser se calmer avant d'essayer de lui parler.

— Mais quoi ? demanda-t-il, attendant de toute évidence la suite de son commentaire.

— Mais rien, conclut-elle. Je suis un peu fatiguée, c'est tout. La journée a été longue et je digère à peine le décalage horaire.

Oscar haussa les épaules.

— Le monde est en danger, ce n'est pas le moment de souffler.

Il la grondait, mais semblait maintenant plus distrait que fâché.

Elle suivit son regard et vit le van blanc qui s'arrêtait au coin de la rue. En apercevant Tammy au volant, elle se dit que celle-ci avait dû les attendre pas loin après les avoir déposés à la conférence.

Ils grimpèrent dans son camion. Oscar lui raconta tout de suite ce qui venait de se passer et Tammy sortit son téléphone. Elle demanda à son interlocuteur de repérer la station de police où on avait emmené les autres et de payer leur caution pour les faire sortir si nécessaire. Puis elle raccrocha et se tourna vers ses passagers.

— Bon, dit-elle brusquement. Sinon, un changement de météo à signaler, Oscar ?

— Pas encore, répondit-il brièvement. Toujours nuageux.

Faith les dévisagea l'un puis l'autre, se sentant perdue et tenue à l'écart. Pourquoi parlaient-ils de la météo dans une situation pareille ? Et qu'entendait Oscar par *nuageux* ? Il n'y avait pas un nuage dans le ciel. Communiquaient-ils dans une sorte de langage codé pour qu'elle ne puisse pas les comprendre ?

Avant qu'elle eût le courage de les interrompre pour

poser la question, Tammy se tourna vers elle avec un large sourire.

— Bon, puisqu'on a un peu de temps devant nous, avant que les autres nous rejoignent, ça vous dit d'aller faire un saut au labo local du LIA ? Nous effectuons un excellent travail de recherche sur les venins de serpent. C'est ton rayon, n'est-ce pas ?

Faith était un peu étonnée que Tammy sût cela.

— Bien sûr, avec plaisir ! lança-t-elle, ravie de cette proposition.

Depuis son arrivée en Australie, elle n'avait pas eu le temps de voir ou d'apprendre quoi que ce fût sur ce qui l'avait conduit jusqu'ici au départ.

— Bien ! Alors, allons-y.

Tammy démarra et s'engagea dans les embouteillages. Faith s'enfonça dans son siège, enchantée par la surprenante tournure des événements. Jusque-là, son voyage à Sydney n'avait été que stress, et peu d'amusements. Mais être de retour dans un labo lui permettrait certainement de se sentir un peu chez elle dans ce pays si lointain.

9

Faith était revenue sur la plage depuis quelques minutes seulement lorsqu'elle entendit George l'appeler. Elle était occupée à trier un sac rempli de vêtements pour femme. Elle leva les yeux et le vit accourir vers elle. Il tenait un sac vert assez abîmé qui lui sembla étrangement familier.

— Mon sac ! souffla-t-elle.

Il s'arrêta devant elle avec un sourire.

— Un des gars vient de le ramener de la jungle et j'ai vu ton nom sur l'étiquette, dit-il, tout essoufflé. J'ai pensé que tu voudrais le récupérer.

— Merci.

Elle lui souriait timidement. Sa mémoire effaça presque immédiatement le mauvais souvenir de la dispute qu'ils avaient eu près des bambous, et l'incident de la veille avec l'araignée.

— Hé, désolé de t'avoir contrariée tout à l'heure, dit-il avec un petit sourire penaud, comme s'il avait lu dans ses pensées. Tu sais, cette histoire de défenseur de la nature ? Je ne pensais pas ce que je disais. Je crois que je me laisse un peu trop aller, parfois. J'suppose que c'est pour ça que mon ex-femme m'appelait toujours Monsieur Grande-Gueule.

— Oh, répondit Faith touchée par ses excuses, tout va bien, ce n'est rien.

Elle n'était pas tout à fait honnête avec lui. Mais il lui faudrait du temps pour oublier certains de ses propos. Ça ne signifiait pas pour autant qu'elle ne pourrait pas lui pardonner, surtout après cette marque de bonne volonté. Il valait mieux accepter leurs éventuels désaccords de part et d'autre et en rester là.

George repartit d'où il venait. Faith s'éloigna un peu de la pile de bagages et posa son sac sur le sable. Elle s'assit en face, l'ouvrit et fouilla dans les objets désordonnés mais familiers qu'il contenait. Elle fut heureuse de constater que ses livres avaient survécu à l'accident et à la pluie. Elle attrapa une paire de sandales sous les ouvrages et les échangea contre la paire de Keds qu'elle portait. Elle se sentait déjà un peu plus elle-même.

— Qu'est-ce que tu fais ? demanda une voix juste au-dessus de son épaule gauche.

Elle leva les yeux et vit Walt devant elle.

— Hé ! s'exclama-t-elle, surprise mais contente de le revoir. D'où viens-tu ? Ton père te cherche partout, tu sais.

— Je sais, dit-il en haussant les épaules. Il m'a vu. J'étais juste à la recherche de Vincent dans les bois derrière la crique, là-bas.

Il fit un geste bref vers l'une des extrémités de la plage.

— Je ne vois pas pourquoi il doit en faire toute une histoire. Je ne m'étais même pas trop éloigné. Je pouvais encore voir l'océan de là où j'étais.

Elle dissimula son sourire en voyant l'expression d'incrédulité vexée du petit garçon.

— Je te crois, mais tu dois comprendre ton papa : il

se faisait du souci. On ne sait pas grand-chose sur cet endroit. Et c'est peut-être dangereux de s'aventurer tout seul comme ça.

— Tu dois avoir raison.

Walt s'agenouilla dans le sable et regarda la valise.

— Ouaouh, tu fais encore moins bien ton sac que moi !

— D'habitude non, mais là j'étais un peu pressée.

— Pourquoi ? demanda-t-il, curieux.

Faith se mordit les lèvres. Elle avait espéré qu'il se contenterait de ce constat et que la discussion en resterait là. Elle sortit un livre de la valise pour le distraire.

— Tiens, ça devrait te plaire, lui dit-elle en essayant de prendre un ton enjoué. Jette un coup d'œil.

Elle l'ouvrit au hasard et tomba sur une illustration en couleurs qui représentait un mince serpent jaune.

— Tu vois celui-là ? C'est un taipan. Certains l'appellent le serpent féroce. Il vit en Australie. Et son venin est le plus puissant de tous les serpents du monde.

— Ouaouh, je ne savais pas !

Walt avait l'air impressionné. Il pointa le doigt sur un autre reptile figurant sur la même page.

— Et celui-là, c'est quoi ?

— C'est un mocassin à tête cuivrée, répondit-elle en riant.

Walt lui lança un regard interloqué.

— Qu'est-ce qui te fait rire ?

— Oh, excuse-moi, dit-elle en cachant la photo. C'est juste que ça me rappelle le costume qu'avait choisi ma grande sœur, pour Halloween. Elle avait collé des pièces de monnaie sur un chapeau et s'était parée de vêtements normaux. Personne ne voyait en quoi elle était censée être déguisée, sauf moi.

Walt la regarde un instant, perplexe, et s'écria :

— Je sais ! Les pièces sont en cuivre ! Elle était déguisée en serpent à tête cuivrée !

— Exactement !

— Elle avait l'air cool, ta sœur, déclara-t-il.

— Oui.

Ils furent interrompus par des cris dans leur dos. Walt sauta immédiatement sur ses pieds et courut voir de quoi il s'agissait. Faith referma sa valise et suivit le garçon, avec un peu moins d'empressement.

Elle contourna une grande pièce de fuselage et tomba sur un groupe de survivants rassemblés en cercle. Elle s'approcha davantage et entendit un grognement étouffé et quelques cris de désarroi. Un trou se forma au centre du cercle et elle découvrit deux hommes en train de se battre. A sa plus grande surprise, Sayid était l'un des combattants. L'autre s'appelait Sawyer – Faith l'avait aperçu plusieurs fois ce jour-là : il fouillait dans les sacs, convaincu que personne ne le voyait, mais elle ne lui avait pas reparlé depuis leur première conversation, la veille, près du feu. Le père de Walt, Michael, était au milieu, et essayait désespérément de séparer les deux hommes. Les autres témoins de la scène, au contraire, demeuraient impassibles. On aurait pu croire qu'ils étaient tout simplement en train de regarder un match de boxe à la télévision. Walt s'était frayé un chemin et observait la scène de ses grands yeux écarquillés.

Faith restait immobile, horrifiée. Sayid, qui venait d'esquiver avec adresse un coup de Sawyer, répliqua d'un direct bien placé. Ce dernier vacilla une seconde puis se redressa et lança une poignée de sable au visage de son adversaire qui fut contraint de détourner les yeux pour se protéger. Sawyer en profita pour se jeter sur lui. Les deux hommes tombèrent lourdement à terre, mais continuèrent à se frapper avec fureur. Il y eut soudain du mouvement dans le public et le cercle s'ouvrit pour laisser apparaître Jack, suivi de la fille aux pommettes hautes et du barbu anglais de la veille.

— Hé ! ça suffit, hurla-t-il. Arrêtez !

Il attrapa Sawyer et le sépara de Sayid. Celui-ci voulut en profiter pour se ruer sur son adversaire, mais Michael l'en empêcha.

Les deux hommes continuaient de s'insulter. Faith recula, révoltée par cette soudaine éruption de violence. Pourquoi les gens ne pouvaient-ils pas se contenter de vivre et de laisser vivre ? Elle n'avait aucune idée du motif de leur combat, mais elle était persuadée qu'aucune explication ne pourrait excuser un tel comportement. Ils étaient tous dans le même pétrin. Pourquoi rendre les choses encore plus compliquées ?

Elle en avait assez de cette vie en communauté forcée qu'elle subissait depuis vingt-quatre heures et profita de l'agitation pour s'éclipser. Cela lui ferait du bien d'être un peu seule et de se relaxer. De ne plus avoir à penser aux autres.

Elle longea la jungle, d'un pas rapide et silencieux, et ne ralentit qu'une fois hors de vue des autres, loin du lieu du crash, pour profiter du bruit du vent dans les arbres et du doux rythme des vagues. Elle regardait machinalement les bois de la jungle, espérant secrètement apercevoir encore son fameux perroquet.

De nombreux oiseaux s'étaient nichés dans les feuillages, mais aucun ne ressemblait à celui qu'elle cherchait. Elle se souvenait avoir pénétré plus profondément la jungle la première fois, et elle s'enfonça donc dans l'ombre des arbres. Pourtant, après avoir fait quelques pas, elle s'arrêta net. Son cœur se mit à battre plus fort et elle fut prise d'une irrésistible envie de faire marche arrière pour retrouver la lumière rassurante de la plage.

Normal, pensa-t-elle, *qui voudrait s'aventurer dans la jungle et prendre le risque de tomber nez à nez avec cette créature qui émet des sons aussi terrifiants* ?

Mais elle sentait bien au plus profond d'elle-même que son inquiétude venait d'ailleurs. Autre chose la rendait anxieuse et méfiante à l'idée de s'aventurer seule dans la forêt.

Cette pensée la contrariait. C'était bien la première fois qu'elle ressentait ça. Elle se remémora les plus beaux souvenirs de son enfance, lorsqu'elle partait pour de grandes balades en solitaire, dans les bois derrière la maison ; elle se perdait facilement, mais s'en fichait éperdument. Elle ne faisait qu'un avec la nature. Aussi longtemps qu'elle sentait la terre sous ses pieds, le ciel au-dessus d'elle, aussi longtemps qu'elle sentait la vie sauvage couler dans l'écorce, la sève et les feuilles autour d'elle, elle savait que tout se passerait bien.

Non, quelque chose ne tournait pas rond pour qu'elle se sente ainsi effrayée d'être seule dans la forêt. Elle craignait tout, sauf ça…

10

L'estomac de Faith se noua nerveusement. Tammy se retourna vers elle en souriant.

— On y est presque, lança l'Australienne avec entrain.

Faith se força à sourire, essayant de cacher son inquiétude. Elle était toujours nerveuse en présence de nouvelles têtes ou dans des endroits inconnus. Elle se pencha à la fenêtre du van en se demandant à quoi ressembleraient les labos de la LIA. S'agirait-il d'un énorme bâtiment étincelant, accueillant les biologistes les plus renommés qui la feraient passer pour une plouc ?

Ne te sous-estime pas, lui avait répété sa sœur de si nombreuses fois. Après tout, elle était elle-même sur le point de devenir biologiste. N'avait-elle pas intégré le doctorat le plus exigeant de tout le pays ? N'avait-elle pas passé une année entière à travailler avec le Docteur Luis Arreglo, connu du monde entier ?

Elle grimaça : il vaudrait mieux éviter de citer ce nom-là par ici…

— Pressée de découvrir le labo des serpents ? demanda Oscar en lui pinçant l'épaule.

— Bien sûr, répondit-elle en souriant faiblement.

Elle ne prit pas la peine de lui dire ce qu'elle ressentait. Oscar n'était pas du genre à ce soucier de quoi que ce fût. Il aimait la nouveauté et l'inconnu.

— Bien ! conclut-il en s'enfonçant dans son siège et lui souriant. Je suis vraiment content que tu aies une chance de voir le travail important que la LIA réalise pour la planète. C'est vraiment un groupe fantastique, tu sais. Totalement dédié à la cause environnementale et tout.

— C'est exact, intervint Tammy qui ralentissait pour entrer dans un parking.

Faith jeta à nouveau un regard par la fenêtre. Elle ne savait pas trop à quoi s'attendre, mais elle n'aurait jamais imaginé prendre cette longue avenue plutôt miteuse, flanquée de vitrines vides et de tas d'ordures sur les parkings.

— Hmm, on y est ? demanda-t-elle en essayant de garder un ton neutre.

— Oui, on y est, répondit Tammy. Je sais, ça ne paye pas de mine mais on accorde plus d'importance aux équipements qu'aux apparences ici.

Sentant presque une réprimande dans le ton de la réponse, Faith se contenta d'hocher la tête. Elle sortit du camion et suivit Tammy et Oscar jusqu'à une vitrine masquée par du papier marron collé à l'intérieur. Un petit panneau fixé à la porte marquait l'entrée : LABO PRO SANTÉ : PERSONNEL AUTORISÉ UNIQUEMENT.

— Pro santé ? murmura Faith à Oscar, alors que Tammy ouvrait la porte avec le jeu de clés qu'elle avait sorti de la poche de sa veste. Qu'est-ce que ça veut dire ?

Oscar haussa les épaules.

— Sais pas, répondit-il un peu sèchement. Ça doit être le nom du labo, je suppose.

— Ça y est, chantonna Tammy en déverrouillant la porte et en s'écartant pour les laisser entrer.

Faith suivit Oscar à l'intérieur et regarda autour d'elle. De toute évidence, l'endroit avait hébergé le cabinet d'un ophtalmologiste jusqu'à tout récemment. Il restait encore quelques boîtes contenant des verres, et Faith reconnut sur un mur un de ces tableaux types qui permettent d'évaluer la vision des patients.

Faith chassa l'éclair de déception qui traversa son esprit : Tammy avait raison, il ne fallait pas se fier aux apparences. En plus, les groupes environnementaux disposaient rarement d'assez d'argent pour financer de belles installations flambant neuves, comme Q Corp pouvait se le permettre. Ainsi allait le monde, voilà tout.

Lorsqu'elle aperçut les grands bacs en verre sur un comptoir au fond de la pièce, son visage s'éclaira.

— Vous avez des serpents ici ?

— Oui, répondit Tammy avec un sourire. Tu veux les voir ? Nous avons un spécimen de chaque espèce venimeuse d'Australie, ou presque.

— Génial !

Elle se détendit aussitôt et courut vers le premier bocal. Oscar la suivit.

— Jolie bête, commenta-t-il. C'est quoi ?

— C'est un *Tropidechis carinatus*, mieux connu sous le nom de serpent à écailles-rugueuses, répondit-elle en identifiant à ses écailles caractéristiques, le reptile long d'un mètre qu'Oscar avait pointé du doigt. En général, ils ne produisent pas beaucoup de venin, mais contrairement à la plupart des animaux de leur espèce, ils ont assez mauvais caractère. Plus enclins à se battre – et à mordre – qu'à s'enfuir.

— Exact, lança Tammy. Et tu as vu celui-là ?

Elle montra du doigt l'aquarium suivant qui contenait un spécimen beaucoup plus grand. Faith s'approcha.

— Hé, c'est un mulga ?

Tammy hocha la tête. Oscar regarda le bac à son tour.

— C'est quoi un mulga ? C'est venimeux aussi ?

— Le serpent mulga, lui expliqua Faith, encore désigné sous l'appellation de grand serpent brun, bien qu'il s'apparente davantage à la famille des serpents noirs qu'à celle des serpents bruns. Son venin n'est pas le plus puissant, mais il est le seul de toute l'Australie à en produire en telle quantité.

— Est-ce que ça veut dire qu'il est plus dangereux que le premier serpent ?

Faith fut agréablement surprise par ses questions. D'ordinaire, il ne prêtait jamais beaucoup d'attention à son travail. Peut-être était-ce le fait de les voir d'aussi près, en vrai, qui avait aiguisé sa curiosité, ou peut-être cherchait-il à se faire pardonner leur dispute de tout à l'heure à propos d'Arreglo. En tout cas, elle était ravie de son intérêt soudain.

— Difficile à dire. Le mulga peut devenir agressif lui aussi, mais comme je te l'ai dit, le serpent à écailles-rugueuses est connu pour attaquer plus souvent. Je ne connais pas trop les statistiques des accidents. De toute façon, avec les antivenins actuels, la plupart des morsures de serpent ne sont plus mortelles.

Ils passèrent aux bacs suivants – un taipan, un serpent brun oriental, une vipère de la mort. Faith n'en revenait pas d'avoir la chance de les voir tous de si près et en même temps. Que l'endroit fût plus miteux que n'importe quel labo de son université, elle s'en moquait bien désormais. Elle était venue pour ça. Pour la première fois depuis qu'elle était montée dans cet avion elle sentait l'importance de ce voyage.

Tammy semblait apprécier l'enthousiasme de Faith.

— Oscar m'avait bien dit que tu aimais les serpents, commenta-t-elle. Je vois qu'il avait raison. Comment t'est venue cette passion pour eux ?

Faith la regarda timidement.

— Heu, j'ai toujours aimé les animaux, et spécialement les reptiles et les amphibiens. Ma grande sœur m'a initiée très tôt – elle adorait raconter qu'elle avait glissé une grenouille dans mon berceau quand j'étais encore un bébé. Elle devait penser que j'avais besoin d'un animal de compagnie...

Elle sourit en se rappelant l'anecdote.

— Alors c'est de famille, s'exclama Tammy en riant. Et ta sœur est biologiste elle aussi ?

— Non.

Faith sentit son cœur se serrer comme à chaque fois qu'elle parlait de Gayle.

— Non, elle était... heu, prof de musique et de chant. Mais elle est décédée il y a quelques années. Cancer. C'est un peu elle qui a inspiré mes recherches à l'université. Quand j'ai appris qu'on y travaillait sur l'éventuelle utilisation des venins de serpents pour soigner le cancer, j'ai tout de suite su que c'était pour moi. Je trouve fascinant que le venin de serpents – considéré par la plupart des gens comme dangereux et mortel – puisse être la clé pour se débarrasser d'un tel fléau. Quand j'aurai mon doctorat, je veux me consacrer à temps plein à ce genre de projets.

Sa dernière phrase se termina en un murmure timide. Elle n'était pas habituée à parler d'elle comme ça, surtout à de parfaits étrangers. Mais Tammy semblait très intéressée par ce qu'elle racontait.

— Oh, mais quelle coïncidence ! s'exclama l'Australienne. Oscar ne t'en a pas parlé ?

Faith se tourna vers Oscar qui semblait décontenancé.

— Parlé de quoi ?

— C'est l'un de nos domaines de recherche prioritaires ici, répondit Tammy. La LIA est à la pointe pour ce genre de choses – lutte contre le cancer, venins de serpent...

— Ah oui, c'est vrai, soupira Oscar en haussant les épaules et souriant d'un air penaud. J'ai dû oublier, je suppose.

— Vraiment ? demanda Faith, en les regardant, l'un puis l'autre, étonnée. C'est trop cool ! Et vous faites quel genre d'expériences en ce moment alors ? Vous vous en tenez aux espèces locales, ou bien vous importez également du venin d'autres pays ? Vous avez étudié le...

Tammy éclata de rire et leva les bras pour stopper le flot de questions.

— Attends, attends, s'écria-t-elle. Moi je suis chargée des Relations Publiques, je ne suis pas scientifique ! Je ne connais pas les programmes de recherche dans le détail. Désolée. Mais je vais me débrouiller pour que tu puisses rencontrer le responsable des projets. On devrait pouvoir organiser quelque chose une fois qu'on aura réglé toute cette histoire avec Arreglo...

— Oh, d'accord, ça me va.

Faith ne put s'empêcher de se sentir un peu coupable en l'entendant prononcer le nom d'Arreglo. Tammy n'était pas une de ces têtes brûlées comme Oscar, qui avaient la fâcheuse tendance parfois de n'aimer qu'elles-mêmes. Et puis la voir s'opposer ainsi à Arreglo était autrement plus déstabilisant. A cet instant, elle s'en voulut d'avoir seulement envisagé de se réconcilier avec son tuteur.

— On est de retour ! On vous a manqués ?

La porte du labo s'ouvrit brusquement, et plusieurs personnes s'engouffrèrent à l'intérieur.

C'était Mo. Il arborait un œil au beurre noir et un sourire satisfait. Z-Man, Junior et Rune le suivaient.

— Mo ! s'écria Oscar, en se précipitant vers eux pour lui taper dans la main. Eh mec, tope-là ! La brutalité de la police dans toute sa splendeur !

— Oui sans doute ! répondit Mo en riant. Mec, les coups volaient dans tous les sens, je sais même pas qui m'a frappé. Ça pourrait bien être ce salopard-là.

Il pointa Junior du doigt. Ce dernier esquissa un sourire penaud.

Tammy s'approcha pour accueillir les nouveaux venus.

— Vous avez eu des problèmes au commissariat ?

— Non, répondit Rune. Z-Man nous a sorti de là sans problème.

Faith eut du mal à le croire. Elle avait à peine entendu dix mots sortir de la bouche de Z-Man depuis qu'elle le connaissait. Mais il hocha la tête avec sérénité lorsque Tammy le remercia pour son bon boulot.

A cet instant, Junior marmonna quelque chose que Faith ne put comprendre. Oscar s'en mêla et posa une question, et bientôt, tout le monde se mit à parler de la conférence de presse, de la manifestation, et de tout ce qui venait d'arriver.

Faith quant à elle, restait là où elle était, oubliée à côté des bacs à serpents. Le bref instant où elle s'était sentie à l'aise n'était plus qu'un souvenir. Elle se retrouvait à nouveau hors du coup. Seule et mal à l'aise.

11

Respire. Faith luttait contre la panique en s'appliquant à mettre un pied devant l'autre alors qu'elle s'enfonçait dans la jungle. Somme toute, elle avait toujours vécu dans la frustration causée par ses propres peurs, et cette fois elle était déterminée à s'aventurer un peu plus loin. Autrement, comment pourrait-elle apercevoir à nouveau le Perroquet du Paradis, et vérifier qu'elle en avait bien vu un, un peu plus tôt ?

A chaque pas, son cœur battait plus fort, mais pour l'instant, tout semblait parfaitement calme. C'était juste un jour ordinaire dans la jungle : ensoleillé et lourd d'humidité. Les oiseaux chantaient au-dessus des têtes, de larges feuilles tropicales ondulaient paresseusement dans la brise légère, les insectes bourdonnaient dans l'air, ici et là. Rien d'effrayant…

Aaaaaah !

Un hurlement terrible se fit entendre quelque part dans la forêt, à quelques pas. Oubliant immédiatement ses propres peurs, Faith se précipita à sa source. Celui ou celle qui avait crié de la sorte semblait terrifié et désespéré. Quelque part dans son esprit, elle comprit qu'elle était peut-être en train de foncer tête baissée vers la cause de cet effroi. Mais elle ne pouvait pas rester là. Elle devait tout faire pour apporter son aide.

Elle tomba sur une vaste clairière. Face à elle de l'autre côté : un bosquet de bambous. George se tenait là, debout, immobile, près d'un éboulis de rochers couverts de mousse. Il tenait dans la main une valise qu'il venait sans doute d'extraire de sous l'une des pierres, à en juger la poussière qu'il avait soulevée.

— George, demanda-t-elle, avec hésitation, c'était quoi ce cri, c'était vous ?

Il ne bougea pas d'un poil et lui répondit les dents serrées :

— Ne fais aucun mouvement brusque, il pourrait frapper.

Faith ne voyait pas de quoi il parlait. Elle jeta un regard rapide vers les arbres autour d'elle, sentant la peur la gagner. Elle se demandait si un monstre les attendait là, prêt à bondir et à se précipiter sur eux à la moindre occasion. Mais à part le léger bruissement du feuillage dans la brise et le constant et presque imperceptible balancement des tiges de bambous, elle ne vit rien bouger nulle part.

Ce n'est qu'en se retournant à nouveau vers George qu'elle comprit ce qui le terrorisait. Elle faillit éclater de rire. Sur le bord de la valise, elle découvrit un petit serpent vert et jaune de cinquante centimètres de long, qui sondait les alentours avec sa langue fourchue. Rien de plus. Et pourtant, George était tellement tétanisé de peur, qu'il ne pouvait même pas bouger un muscle pour lâcher la valise et s'enfuir.

Faith fit un pas en avant en souriant et s'efforça de prendre une ton rassurant.

— Tout va bien George, c'est juste un python des arbres encore tout jeune – son nom scientifique c'est *Morelia viridis*.

— Py-python ? répéta George. Plutôt dangereux ces bêtes-là non ?

— Pas du tout, répondit calmement Faith. Faites-moi confiance, il ne vous fera aucun mal. Il n'est pas venimeux et là, il doit avoir plus peur de vous que l'inverse.

De toute évidence, Faith avait à la fois bien et mal choisi ses mots. George se remit enfin à bouger et jeta la valise vers le milieu de la clairière. En atterrissant, elle s'ouvrit d'un coup et dispersa des affaires de toilette et des vêtements dans toutes les directions.

— Pardon, jeune fille, mais pour ton information, je n'étais pas *effrayé*, cracha-t-il en regardant Faith avec colère. Et je n'apprécie pas beaucoup que tu te permettes de dire ça. Ce n'est pas parce qu'on prend ses précautions avec les serpents bizarres du coin, qu'on est un trouillard.

— C'est vrai, je suis désolée, dit-elle en comprenant qu'il avait dû prendre son commentaire pour une atteinte grave à sa virilité. J'essayais juste de…

Il semblait à peine l'entendre. Il était rouge de colère et pointa un doigt vers elle.

— Et je n'apprécie pas non plus ton petit air supérieur. Tout le monde ne pense pas comme toi, tu vois. Ça ne fait pas de toi la reine de la jungle ou ce que tu souhaiterais être.

Faith recula, surprise et un peu effrayée par la fureur qu'elle lisait dans les yeux de George.

— Mais je ne…

— Tu sais quoi ? Les gens comme toi, ça me rend malade, cria-t-il en pointant toujours son index vers elle. Vous passez votre temps à nous rendre les choses plus compliquées à nous, et pourquoi ? Vous voulez arrêter le progrès pour sauver quelques créatures que personne n'aime de toute façon…

Il se baissa pour ramasser une grosse branche et leva les yeux vers elle. Faith resta paralysée, ne sachant comment réagir. Alors qu'elle pouvait affronter sans problème un serpent furieux prêt à attaquer, elle ne savait absolument pas comment réagir face à un humain en colère.

Mais au lieu de venir vers elle, il tourna les talons et se dirigea vers la valise qu'il avait jetée.

— Alors, où t'es-tu caché, petit fils de pute ? grommela-t-il.

Il fit claquer le bâton dans sa main libre, puis s'en servit pour retourner la valise renversée.

— Allez, montre ta sale petite tête, si tu l'oses. Tu vas comprendre à quoi ça sert d'avoir un pouce opposable…

Par chance, le serpent avait disparu depuis longtemps déjà. Faith continua à fixer George pendant un moment encore, alors qu'il arpentait la clairière avec son arme, et rassembla suffisamment ses esprits pour tourner les talons et disparaître, le laissant seul avec sa rage envers le serpent.

Elle erra sans but dans la jungle pendant plusieurs minutes. Elle avait complètement oublié les angoisses qui l'obsédaient encore juste avant l'incident. Elle était choquée de constater que quelqu'un qui s'était montré adorable, pût devenir exécrable pour une histoire aussi bête. Surtout qu'elle s'était contentée de lui venir en aide…

J'aurais peut-être pu le voir venir, pensa Faith, en se rappelant le destin de l'innocente araignée. Elle n'était pas vraiment douée pour juger de la vraie personnalité des gens qu'elle rencontrait – les événements récents l'avaient clairement prouvé…

Elle secoua la tête, grimaçant alors que des souvenirs douloureux lui revenaient à l'esprit. *De l'action, pas des mots*, aurait dit Gayle…

12

— *Agis, maintenant ! Dis-leur non, maintenant !* criait Oscar de toutes ses forces.

A ses côtés, Faith ravala un soupir. La manifestation quotidienne qui leur avait été imposée par la LIA devant le siège de Q Corp, à Sydney, était fastidieuse et plutôt embarrassante. Ils n'étaient jamais plus d'une vingtaine sur le trottoir devant l'impressionnant building de verre et d'acier. Les deux malheureux policiers qui devaient garder un œil sur eux s'ennuyaient ferme.

— Combien de temps encore doit-on rester là ? demanda-t-elle à Oscar lorsqu'il s'interrompit pour souffler un peu.

— Aussi longtemps qu'il faudra, rétorqua-t-il en changeant sa pancarte de main et en épongeant la sueur sur son front. Jusqu'à ce qu'ils nous écoutent. Nous ne pouvons renoncer.

Au même moment apparut Junior, avec une radio sous le bras.

— Ecoutez ça, dit-il dans un langage pour une fois clair et intelligible. J'ai trouvé une station qui retransmet les discours du traître.

Faith n'eut pas besoin de lui demander : elle savait qu'il parlait d'Arreglo. Elle les avait déjà entendus l'appeler comme ça. Elle commençait presque à s'y habituer. Presque.

— Je ne veux pas savoir ce que raconte ce vendu, déclara Oscar.

Mais les autres se rassemblaient déjà autour de Junior.

— Connais ton ennemi, mon frère, lança Mo, en levant le doigt vers le ciel d'un air solennel. Si on n'écoute pas ce qu'il raconte, comment pourrons-nous le combattre ?

Junior posa la radio sur le trottoir, s'assit à côté, et monta le son. Les autres se joignirent à lui. Faith s'assit à côté de Rune, contente de ne plus avoir, pour quelques minutes au moins, à défiler en brandissant son panneau. Oscar était le seul à être resté debout, l'air buté et irrité. Mais elle voyait bien, à sa manière d'aller et venir, qu'il écoutait quand même.

— … et j'ai le regret de vous annoncer que l'ordre du jour de ce séminaire a été éclipsé par ma récente décision concernant le projet du Bassin de Vibora.

Les haut-parleurs de la radio étaient de mauvaise qualité, et la voix claire d'Arreglo, marquée par son léger accent, grésillait un peu.

— Certaines personnes me reprochent mon accord avec Q Corp. Et je comprends leur préoccupation. Mais à ceux-là, je demande : ne vaut-il pas mieux accepter une offre à moitié satisfaisante que de s'accrocher désespérément à une solution radicale qui n'a que très peu de chances de réussite ? Pour moi, la réponse est évidente. Q Corp aurait de toute façon trouvé un moyen de construire cette usine, avec ou sans moi. Alors j'ai décidé de mettre de côté mes différends passés avec cette compagnie, d'oublier un instant ses statistiques peu flatteuses en matière d'environnement, pour faire en sorte d'inverser la tendance. Après tout, on ne peut pas avoir d'influence si on refuse de s'engager.

Faith se surprit à acquiescer légèrement de la tête : les propos d'Arreglo faisaient sens. Ils lui rappelaient un des dictons favoris de Gayle : *Ne jette pas le bébé avec l'eau du bain*. Elle jeta un coup d'œil aux autres pour voir s'ils pensaient la même chose, mais elle ne put décrypter leur attitude.

Arreglo continuait :

— ... et exigé qu'une partie de la forêt équatoriale du Bassin de Vibora devienne un territoire protégé. Avec l'argent que Q Corp s'est engagé à investir dans cette réserve, nous pouvons être certains qu'elle sera vraiment protégée de tout braconnage ou autres menaces. Et je crois que nous serons tous d'accord pour dire que c'est là un point positif.

— Vendu, lâcha Oscar vers la radio qui diffusait maintenant des publicités.

— Ouais, ajouta Junior en baissant le son, pour moi, ça ressemble à un gros paquet d'excuses.

— Y en a qui seraient prêts à dire n'importe quoi pour préserver leur enfer, soupira Mo, en hochant doucement la tête.

— Le salopard ! ajouta Rune.

Oscar serrait sa pancarte des deux mains.

— Vous savez, je me demande combien sont ceux qui vont ne serait-ce qu'écouter ce discours stupide et tout ce qu'il pourra dire maintenant. Après l'énorme bronca à la conférence de presse hier, je me demande même s'il va survivre à son voyage en Australie.

Il sourit et jeta un regard à ses camarades : il était très fier de son commentaire.

Faith était horrifiée. N'avaient-ils pas entendu ce qu'Arreglo venait de dire ? Ses explications ne les faisaient-ils pas réfléchir un tout petit peu ? Elle, en tout cas, était désormais convaincue qu'elle devait repenser tout le problème. Elle se demandait même si elle n'avait pas eu tort depuis le début.

— Comment peux-tu dire ça ? lança-t-elle. On dirait presque que tu serais heureux si quelque chose de terrible lui arrivait.

— Et toi, on dirait presque que tu défends ces porcs, répliqua Oscar. Franchement, réfléchis seulement aux millions de vie qui seraient sauvées si Arreglo y passait. Sans son soutien, et toute la bonne publicité qu'il apporte avec lui, je parie que ces cons – il fit une pause pour désigner d'un geste l'immeuble derrière lui – seront forcés de repenser leurs plans pour le Bassin de Vibora.

— Y a peu de chances, murmura Rune. La seule chose à laquelle ils pensent, c'est l'argent.

Oscar ignora son commentaire. Il était furieux. Son visage était rouge de colère et ses yeux brillaient de rage.

— Des millions de vie, répéta-t-il à Faith. Penses-y. Des oiseaux. Des poissons. Des singes. Tes précieux serpents. Tous. Ils peuvent l'installer n'importe où, leur foutue usine. Mais aucune de ces créatures ne choisit où elle vit. Pour elles, c'est le Bassin de Vibora ou l'oubli.

— Je sais, répondit Faith. Mais…

— Mais quoi ? demanda Oscar. Arreglo doit être stoppé, c'est tout ce que je dis. La survie du mieux adapté, Faith. La survie du mieux adapté. Vous les biologistes, c'est tout ce en quoi vous croyez, non ? Tu as vu comme Arreglo s'est trahi ? Tu ne peux pas me reprocher de penser que ce n'est pas une si mauvaise idée d'échanger une vie coupable contre de nombreuses vies innocentes.

— Du calme, mon frère, murmura Z-Man. C'est cool.

Oscar l'écarta d'un geste.

— Non, justement ! déclara-t-il.

Il tendit le bras et pointa sèchement son doigt vers Faith.

— Elle prétend se soucier des animaux, et de la sauvegarde de la planète. Et puis c'est une scientifique, elle devrait être capable de faire le calcul. Ne voit-elle donc pas ce que j'essaie de dire ? Une vie contre des millions ?

— Hmm…

Faith fit mine de réfléchir honnêtement à ce qu'il venait de dire, ce qui lui permit de gagner quelques secondes pour reprendre ses esprits. En un sens, il avait raison. Par sa seule décision, et peu importait qu'elle fût nuancée ou sévèrement négociée, Arreglo avait condamné d'innombrables créatures – serpents, oiseaux, insectes, grenouilles des arbres, mammifères, et tant d'autres – à la mort, et probablement quelques-unes de ces espèces à l'extinction. Du point de vue d'une logique froide et brutale, la solution d'Oscar était simple et élégante. On en supprimait un et des millions d'autres pouvaient prospérer.

— Eh bien ? demanda Oscar avec impatience.

— Je crois que je comprends ton point de vue, admit-elle doucement.

Et puis l'image du Docteur Arreglo apparut soudain devant ses yeux – tous les deux assis dans son bureau, il lui souriait ; ils parlaient biodiversité, mutation génétique ou commentaient simplement le dernier match des Bears. Elle réalisa immédiatement combien ce genre de raisonnement manichéen était stupide et limité.

— Mais ce n'est pas la seule solution possible, ajouta-t-elle immédiatement, avant même que l'expression d'Oscar se fût radoucie. Il y a une meilleure façon de raisonner. Accepter un compromis ne revient pas forcément à se vendre à l'ennemi tu sais. Tu as entendu ce que le Docteur Arreglo vient de dire ? Il pense qu'au final, c'est la meilleure solution. Et… Et je crois que je vais lui faire confiance, là-dessus.

— Quoi ?

Le visage d'Oscar se durcit à nouveau et sa voix s'étrangla.

Faith leva légèrement le menton et continua sans réfléchir.

— Je le crois, lança-t-elle pour défier Oscar. Je sais que c'est un homme bien, préoccupé par l'avenir de la planète. Je ne comprends même pas comment j'ai pu douter de lui une seule seconde.

Elle haussa les épaules.

— Quand nous serons rentrés, j'espère qu'il acceptera d'être à nouveau mon tuteur.

Pour une fois, Oscar resta sans voix. Il la regardait, sans un mot. Sa pancarte pendait mollement le long de sa jambe.

— Ecoutez vous deux… se hasarda Rune, alors que Z-Man et Mo échangeaient des regards inquiets et que Junior fixait le sol.

— Très bien ! cracha finalement Oscar. Tu n'es donc pas celle que je croyais. Maintenant, si vous voulez bien tous m'excuser, je me tire.

— Oscar, attends ! cria Faith, choquée par le regard de dégoût qu'il lui avait lancé.

Mais c'était trop tard. Il avait tourné les talons et

s'éloignait au pas de course. Il bouscula deux manifestants sur son chemin.

Faith fit quelques pas pour le rejoindre, puis s'arrêta, aveuglée par les larmes. Derrière elle, elle entendait les autres commenter tranquillement leur dispute, mais elle s'en moquait. Elle était fatiguée de faire semblant de s'entendre avec ces gens, alors que ça ne collait évidemment pas entre eux. Elle n'était même pas sûre de pouvoir encore s'entendre avec Oscar – ou qui que ce fût d'autre d'ailleurs…

Elle avait besoin d'être seule – elle ne supportait pas l'idée de craquer nerveusement devant ces quasi-étrangers qui lui étaient de surcroît peu sympathiques. Elle marmonna une excuse – aller aux toilettes – et s'enfuit jusqu'au coin de la rue.

Elle passa quelques minutes à sangloter, cachée derrière une poubelle. Son cerveau noyé par ces émotions avait du mal à penser clairement. Mais ce dont elle était certaine, c'est que le discours d'Arreglo à la radio était rationnel et raisonnable – en d'autres termes, exactement le contraire de tout ce qu'avait dit Oscar récemment. Elle ne pouvait le nier plus longtemps.

Mais quelles conséquences son opinion pouvait-elle avoir pour leur histoire ? L'idéalisme enthousiaste d'Oscar l'avait séduite dès le départ. Etait-il temps qu'ils se séparent ? La simple évocation de cette idée lui fendit le cœur. Etre avec Oscar constituait souvent un vrai challenge, mais même après si peu de temps, elle ne pouvait imaginer continuer sa vie sans lui. Quand il se consacrait pleinement à elle, il lui faisait penser qu'elle était la seule personne sur terre qui comptât, et elle n'avait rien ressenti de pareil depuis longtemps.

Finalement, un peu calmée, elle quitta sa cachette

pour rejoindre les autres, espérant qu'Oscar en avait fait de même. Il avait un fort caractère, mais ses accès de passion se dissipaient en général assez vite. Et là, ils devaient discuter de tout ça au plus vite, avant que ça ne dégénère. S'ils tenaient vraiment l'un à l'autre, ils pourraient traverser cette crise. Maintenant qu'elle s'était calmée, elle en était persuadée. Elle lui pardonnerait ses propos blessants, il ferait de son mieux pour accepter son point de vue sur Arreglo, et ils repartiraient sur des bases saines.

Elle retrouva les autres comme elle les avait laissés, assis sur le trottoir, lui tournant le dos. Mais aucun signe d'Oscar. Son estomac se noua. Elle s'approcha du groupe qui semblait plongé dans une conversation sérieuse, dont elle put distinguer quelques mots.

— … et nous allons devoir changer de plan, peu importe ce que nous a dit le frangin, disait Mo avec une pointe de déception dans la voix.

— Je ne suis pas d'accord, répondit Rune, avec plus de douceur qu'à l'ordinaire. Ça peut encore marcher. Tout ce dont nous avons besoin, c'est d'un accès jusqu'à lui, non ?

— Elle a raison, ajouta Z-Man. Si on…

Le reste de son commentaire, ainsi que ceux de Junior et de Mo se perdirent dans le bruit de fond du trafic et des autres manifestants qui venaient juste de se remettre à chanter. Faith ne put saisir que quelques bribes de phrases ici et là :

— … vaut le coup…

— … s'il est toujours d'accord pour y aller.

— … peu importe comment ça finit, la décision est prise…

Et puis un dernier commentaire de Rune :

— … d'accord, mais pourquoi ne pas tout simplement utiliser le serpent lui-même ?

Faith fonça les sourcils, intriguée par cette dernière remarque surprenante. Mais pour l'instant, elle avait des choses plus pressantes à l'esprit que les projets de manifestations bizarres que ces oiseaux-là élaboraient. Elle s'éclaircit la gorge et parcourut la distance qui la séparait encore d'eux.

— Hé, lança-t-elle doucement.

Ils se tournèrent vers elle, et les conversations stoppèrent aussitôt.

— Faith ! lança Mo, d'une voix pleine d'inquiétude. Ça va ? Nous allions justement nous mettre à ta recherche.

— Ouais, ajouta Rune. On a appelé Tammy. Elle vient nous chercher.

— Et Oscar ? demanda Faith avec hésitation.

Z-Man haussa les épaules.

— Il va se montrer, murmura-t-il. Il ne voudra pas rater notre taxi.

Faith en doutait, mais la prédiction de Z-Man s'avéra juste. Quelques secondes après l'arrivée du van blanc si familier de Tammy, Oscar apparut. Il s'approcha du groupe en évitant le regard de Faith.

— On y va ? demanda-t-il d'un air maussade.

Tammy échangea un regard avec Rune.

— Ok vous deux, dit-elle de sa voix brusque et déterminée. J'ai entendu dire que nos tourtereaux ont eu une petite dispute. On n'a pas le temps pour ça, maintenant – on est tous du même camp ici, vous vous rappelez ? Alors embrassez-vous et qu'on en parle plus.

Elle jeta à Oscar un regard lourd de sens.

— Je suis sûre que si tu y réfléchis un peu, Oscar, tu

vas te rendre compte que tu as encore *besoin* de Faith, n'est-ce pas ?

C'était une façon bien étrange de tourner les choses, et Faith se demanda si la jeune femme n'avait pas employé une sorte d'argot australien qu'elle ne connaissait pas. Pourtant, ses propos semblèrent faire leur effet. Oscar regarda Tammy un moment puis haussa les épaules.

— Tu as raison Tammy, grogna-t-il.

Il se tourna vers Faith et l'embrassa plutôt froidement.

— Je suppose que j'étais sans doute un peu énervé ou quelque chose comme ça. Excuse-moi, chérie.

— Hmm, d'accord, marmonna Faith, trop surprise pour en dire plus.

— Bien ! conclut Tammy en claquant des mains. Allez les enfants, tout le monde en voiture.

Alors qu'ils grimpaient dans le camion, elle agrippa le bras d'Oscar.

— Un mot, toi…

Ils échangèrent quelques murmures sur le trottoir, tandis que les autres s'installaient à leur place habituelle dans le véhicule. Faith, qui les avait suivis, jeta un regard par la porte ouverte. Elle ne pouvait s'empêcher de se demander ce que racontait Tammy pour monopoliser ainsi la conversation. Reprochait-elle à Oscar d'avoir été méchant avec elle ? D'ailleurs, que lui avaient dit les autres au téléphone ? En tout cas, elle était touchée par l'intérêt que lui portait l'Australienne.

Oscar finit par monter dans la voiture et s'assit à côté de Faith, tandis que Tammy fermait la porte et regagnait le siège conducteur. Il sourit avec plus de sincérité cette fois, enroula son bras autour d'elle et se blottit dans son cou.

— Je suis sérieux, bébé, murmura-t-il d'une voix douce, avec son visage si près de son oreille qu'elle pouvait sentir l'odeur de la sauce italienne de son déjeuner. Tu me pardonnes, hein ? S'il te plaît, dis-moi que tu me pardonnes, ou je vais mourir. Vraiment, bébé, tu comptes pour moi. Honnêtement. Je ne sais pas ce qui m'a pris de te parler comme ça. J'ai été con.

— Ne t'en fais pas, murmura-t-elle, touchée par sa sincérité. Nous avons tous les deux dit des choses stupides. Ce n'est pas très grave.

— Super ! s'exclama-t-il en souriant et en l'embrassant.

Elle fit de son mieux pour oublier tout ce qu'elle avait en tête, et l'embrassa à son tour tandis que les autres commencèrent à les siffler avec bonne humeur. Ils éclatèrent de rire de concert et se séparèrent. Faith s'enfonça dans son siège, tenant la main d'Oscar dans la sienne. Elle était fatiguée et confuse… mais presque heureuse.

Ils se retrouvèrent rapidement dans les embouteillages de Sydney ; c'était l'heure de pointe. Faith pensait qu'ils se dirigeraient vers leur hôtel, mais après quelques minutes, le van tourna pour s'engager dans un parking presque vide. En regardant par la vitre, Faith reconnut le labo de la LIA.

— Qu'est-ce qu'on fait ici ? demanda-t-elle.

— Surprise ! répondit Tammy en se tournant vers elle en souriant. J'ai pensé que vous deviez être affamés après cette longue journée à avoir fait le pied de grue. Alors je vous ai fait livrer à dîner.

Les autres s'écrièrent de joie, et Faith esquissa un sourire. Pour l'instant, le labo était l'endroit de Sydney où elle se sentait le mieux. Elle cherchait toujours un moyen de parler à Oscar en privé, mais décida finalement que leur conversation pourrait attendre.

Ils étaient désormais tous assis autour d'une grande table ronde au milieu de la pièce principale du labo, se régalant de la nourriture livrée et discutant des événements de la journée. Faith se sentait un peu mal à l'aise dans le groupe, surtout lorsque la discussion tournait autour d'Arreglo. Mais elle faisait de son mieux pour laisser couler et se concentrer sur son assiette.

A un moment, vers la fin du repas, elle vit Rune se lever, une chips à la main et se diriger vers les bacs à serpents.

— Hé, petits serpents…

— Non, ne fais pas ça, s'écria Faith. Les serpents sont carnivores, ils ne mangent pas de maïs.

— Elle a raison, ajouta Tammy. Ne les nourris pas.

Rune leva les yeux au ciel et avala la chips. Tammy se tourna vers Faith avec un sourire de remerciement.

— Bien vu, Faith. C'est bon de savoir qu'il y a quelqu'un d'instruit dans ce groupe. En fait, ça me donne une idée. Tu es libre ce soir après le dîner ?

Faith jeta un regard vers Oscar.

— Je ne sais pas, nous avions décidé avec Oscar d'aller faire un tour ensemble ce soir…

— On peut remettre ça à plus tard, bébé, répondit Oscar en bâillant. Trop fatigué. Je pense que je vais partir avec les autres, lire mes mails et me coucher tôt.

— Super ! lança Tammy. Alors, Faith, si ça ne te dérange pas, tu veux bien m'aider à m'occuper des serpents ce soir ?

Elle fit un signe vers les bacs.

— Je ne connais que les bases, continua-t-elle, et malheureusement, le gars qui s'en occupe d'habitude a été retenu et ne peut pas venir ce soir.

— Bien sûr, je serais ravie de vous donner un coup de main, répondit Faith immédiatement.

Malgré leur engagement à manifester devant le siège de Q Corp, elle ne pouvait s'empêcher de se sentir gênée d'avoir accepté une invitation pour un voyage si coûteux. Et elle vit là une occasion, même modeste, de se rendre vraiment utile. Cela signifiait également qu'elle devrait encore reporter sa discussion avec Oscar, mais ce n'était sans doute pas très grave. Il avait l'air d'avoir déjà oublié leur dispute. Peut-être était-il temps pour elle d'en faire autant.

Oscar et les autres partirent peu après ça, laissant Faith et Tammy seules dans le labo. Elles s'occupèrent des serpents pendant un moment, nettoyant les cages, réhydratant les écailles des reptiles, et assurant l'entretien ordinaire des bacs et des équipements. Pendant qu'elles travaillaient, Faith se confiait à Tammy, sur sa relation avec Oscar, sur Arreglo…

Celle-ci l'écoutait avec bienveillance, hochant parfois la tête.

— Tu dois suivre ton cœur, Faith, dit-elle quand elle eut fini. Je ne suis pas un fan d'Arreglo, tu le sais bien. Mais je pense que tu devrais te réconcilier avec lui, si c'est ce que tu veux. Peu importe ce qu'en pense Oscar.

— Vraiment ?

Faith constata avec surprise combien elle se sentait soulagée d'entendre ça. Ce n'était pas vraiment comme si elle avait besoin de la permission de qui que ce fût. Mais elle trouvait agréable de se voir encouragée par quelqu'un comme Tammy.

— D'ailleurs, pourquoi même attendre de rentrer à la maison ? poursuivit Tammy. Je suis sûre que tu dois pouvoir le joindre pendant le séminaire si tu veux. Tu pourrais appeler à son hôtel dès demain matin.

— Oh, je ne sais pas, répondit Faith, embarrassée par cette idée. Maintenant que j'ai réglé ça dans ma tête, ça ne me gêne pas d'attendre d'être rentrée pour aller le voir. Je ne veux pas le déranger alors qu'il est si occupé.

— Hmm, ajouta Tammy comme si elle voulait insister.

Mais au contraire, elle changea soudain de sujet.

— Hé, Faith, je viens juste de me souvenir qu'il y avait quelque chose d'autre que je voulais te demander. Tu sais traire un serpent ?

Faith hocha la tête. Tammy faisait référence à la méthode utilisée pour extraire le venin d'un serpent.

— Bien sûr, je l'ai fait plein de fois.

— Eh bien, la personne qui devait venir ici ce soir aurait dû se charger de traire aussi trois de nos serpents, pour que nos chercheurs puissent travailler demain matin. Et si on décale notre planning…

— N'en dis pas plus. Je suis enchantée de pouvoir te rendre service, répondit Faith en souriant. Montre-moi juste de qui je dois m'occuper.

Tammy désigna deux serpents bruns communs et un taipan de taille moyenne. Puis elle s'effaça pour laisser passer Faith qui se mit au travail.

Tandis qu'elle tenait soigneusement la tête de l'un des serpents pour le forcer à cracher son venin à travers une fine membrane de latex disposée sur l'ouverture d'un bocal en verre, Faith pensa avec amusement que la plupart des gens trouveraient que c'était une drôle de façon de passer une soirée de vacances en Australie. Pourtant elle préférait cette soirée à toutes celles qu'elle avait passées depuis le début de son séjour. Il était agréable de se sentir utile pour une fois.

13

— Hé, là-bas, c'est Faith, n'est-ce pas ? Vous auriez une minute ? On a besoin de vous par ici.

Faith leva les yeux et vit Boone qui s'avançait vers elle. Elle fit un pas de plus hors de la jungle.

— Bien sûr. Pour quoi faire ?

Boone désigna le bord de la plage.

— Nous essayons de dégager quelques débris de l'avion. Votre ami George est dans le coin ? Nous aurions bien besoin de son aide à lui aussi.

Elle n'eut pas le courage de lui dire que George et elle n'étaient pas vraiment les meilleurs amis du monde en ce moment.

— Je… je ne l'ai pas vu depuis un moment, répondit-elle prudemment.

Techniquement, c'était vrai ; elle ne l'avait pas vu depuis un peu plus d'un quart d'heure, lorsqu'elle l'avait laissé à sa chasse au serpent dans la clairière.

— Ah, bon.

Il haussa les épaules et tourna son regard vers un groupe de personnes qui marchaient vers la mer.

— Allez donc aider Locke à enlever les petits débris. Je vais essayer de trouver d'autres volontaires.

— Locke ?

— Chauve, cicatrice à l'œil.

— Oh ! D'accord.

Faith voyait de qui il parlait. Elle avait déjà remarqué cet homme un peu plus âgé, marchant seul dans les vagues, se tenant en général à l'écart du groupe. En y repensant, elle se souvint effectivement d'une cicatrice courant le long de sa joue droite, et traversant son œil. D'une certaine façon, il la portait bien, et elle n'avait donc pas vraiment pensé que ce put être une blessure.

Elle trouva Locke en train de ramasser des morceaux de métal et d'autres débris. Quand elle se présenta, il lui fit un signe de tête, silencieusement.

— Un bel endroit, non ? finit-il par dire.

Pendant un moment, elle crut qu'il parlait de la plage essaimée de métal sur laquelle ils se trouvaient. Et puis elle vit son regard s'assombrir brièvement en regardant vers la jungle. Elle était sur le point d'acquiescer poliment, sans commenter. Mais quelque chose dans la calme intensité de cet homme lui inspirait plus d'honnêteté dans sa réponse.

— Oui, répondit-elle faiblement. Je veux dire, c'est plutôt effrayant d'être ici, avec le crash et… cette autre chose là. Mais cet endroit est magnifique. Autant de beauté naturelle…

— C'est vrai, répondit Locke, en retournant à son travail. Je n'ai jamais rien vu de semblable. Cette jungle est débordante de vie.

Faith confirma d'un signe de tête.

— J'ai vu plein d'animaux différents par là-bas. Des lézards, des araignées, des serpents… poursuivit-elle en souriant. Les serpents, c'est mon truc à moi. Je suis biologiste. Herpétologiste pour être précise.

— Une spécialiste de la vie animale ? souligna Locke, intéressé. Tu pourrais nous être très utile si jamais nous devions rester coincés ici un moment.

— Ça, je ne sais pas, objecta-t-elle immédiatement. Je suis certaine que nous serons vite sauvés. Et puis mes connaissances ne nous seront pas aussi utiles que vous le croyez : elles sont très académiques, alors sur le terrain, elles ne valent pas grand-chose…

Locke esquissa un sourire.

— Toute connaissance est utile, Faith. Il suffit juste de savoir comment s'en servir.

Elle lui rendit son sourire.

— Ça ressemble à quelque chose qu'aurait pu dire ma sœur.

— Votre sœur doit être une personne avisée.

— Elle… elle était. Elle est morte. Cancer.

Locke s'interrompit, et lui lança un regard qu'elle ne sut déchiffrer.

— Je suis désolé, finit-il par dire. Je sais combien c'est dur de perdre un proche.

Ils se mirent au travail et gardèrent le silence quelques minutes. Faith s'appliquait à la tâche.

— Vous avez déjà entendu parler des Perroquets du Paradis ? lança-t-elle soudain.

Locke leva les yeux vers elle.

— Oui, bien sûr. C'est une espèce éteinte depuis des dizaines d'années. Pourquoi ?

— Hmm, non, pour rien.

Faith s'en voulait déjà d'avoir évoqué le sujet, mais maintenant que c'était fait, autant aller jusqu'au bout.

— C'est une espèce éteinte, vous avez raison. Enfin, elle est censée l'être… J'ai cru en voir un hier dans la jungle, et aujourd'hui à nouveau. Mais ce n'était sans doute qu'une espèce proche. Je dois être un peu déshydratée : je commence à imaginer des choses.

— N'abandonnez pas si vite, lui répondit Locke.

Il lui sourit. Son visage tout entier semblait se transformer à chaque nouvelle expression.

— Alors vous vous intéressez donc aussi aux oiseaux ? Pas seulement aux serpents ?

Soulagée qu'il ne la crût pas folle, elle se mit à rire.

— Oui. L'un de mes plus vieux souvenirs, c'est d'avoir passé des heures à regarder les oiseaux avec ma sœur, dans le jardin derrière la maison. Enfin, j'adore les animaux...

Après ça, la conversation se noua facilement entre eux. Locke était étonnamment affable – et contrairement à tous les non-biologistes qu'elle avait pu croiser, il semblait réellement intéressé par ce qu'elle avait à dire.

Quelques minutes plus tard, ils parlaient toujours d'espèces disparues lorsque George émergea de la jungle à quelques pas. Il se dirigea vers eux, et lança vers Faith un regard penaud.

— Bonjour ! lança Locke. Si vous n'êtes pas trop occupé, Faith et moi aurions bien besoin de votre aide pour bouger ce gros morceau de métal, là.

Il désigna du bout du pied la pièce de fuselage devant lui.

— Bien sûr, répondit immédiatement George, en faisant craquer ses phalanges. Vous voulez la mettre où ?

Locke et George se saisirent chacun d'une extrémité de la pièce, comptèrent jusqu'à trois, la soulevèrent et la déplacèrent sur le côté. Elle dévoila plusieurs valises cachées en dessous. Après avoir chassé les quelques crabes de sable qui y avaient trouvé refuge, Faith ouvrit les sacs et commença à en trier le contenu.

Pendant ce temps-là, George et Locke portaient la pièce pour la déposer un peu plus loin. Faith les surveillait du coin de l'œil. Surtout George. Il se comportait comme s'il ne s'était rien passé entre eux, mais elle n'était pas sûre de pouvoir en faire autant. Elle repensa à l'expression sur son visage lorsqu'il avait saisi la branche, aux choses qu'il avait dites. Elle était encore furieuse après lui.

Lorsque les deux hommes revinrent vers elle, elle s'éclaircit la gorge. En temps normal, elle n'aurait probablement pas relevé l'incident pour y repenser mille fois jusqu'à s'en rendre folle. Mais d'une certaine façon, le simple fait de se retrouver sur cette île la rendait plus courageuse. Peut-être parce qu'après avoir survécu à un tel accident, aucune conversation difficile ne pouvait vraiment l'effrayer.

— Heu, George, souffla-t-elle doucement. A propos de ce qui s'est passé tout à l'heure dans la jungle…

— Quoi ? répondit-il sèchement, en lui lançant un regard méfiant. Il ne s'est rien passé. Rien d'important – pas la peine de revenir là-dessus.

— Mais ces choses que vous avez dites…

George aboya un rire bref.

— Hé, je suis un gars au sang chaud. Désolé de m'être un peu emporté. Je ne voulais pas te vexer, trésor. Sincèrement. Tu ne dois pas prendre au pied de la lettre tout ce que je dis, tu sais. Ça n'est pas très malin.

Il se tourna vers Locke.

— La petite Faith, là, c'est un peu la première de la classe, avec un doctorat et tout ça ! Si c'est pas quelque chose !

Faith se mordit les lèvres. Elle voyait bien que George n'était pas ficr de ce qui était arrivé. Elle sentait qu'il cherchait à se faire pardonner sans avoir à lui faire d'excuses formelles. Ou bien peut-être ne voulait-il pas admettre devant Locke qu'il avait été effrayé et impuissant devant un petit serpent inoffensif.

— Tiens ! lui répondit Locke, en souriant d'un air affable. Et vous, vous faites quoi, dans la vraie vie, George ?

— Immobilier, grogna celui-ci en soulevant une autre large pièce de métal. Chez moi, dans l'Indiana, j'achète de vieilles fermes et des terres abandonnées. Je redécoupe les terrains et les réhabilite. Ça paye pas trop mal.

Faith réalisa qu'elle n'avait jusque-là aucune idée de ce que faisait George. Et maintenant qu'elle savait, elle comprenait mieux pourquoi il réagissait aussi mal à ses opinions à elle. Son boulot pouvait être considéré comme l'exacte antithèse de la protection de la nature.

— Intéressant.

Locke s'interrompit pour déterrer une grosse valise enfoncée dans le sable.

— C'est pour ça que vous étiez en Australie, George ? reprit-il. Affaires ?

— Non, raisons personnelles.

George fronçait les sourcils, et fixait un morceau de métal tordu qu'il tenait dans les mains. Pendant un long moment, on aurait pu croire qu'il n'en dirait pas plus. Et puis il haussa les épaules.

— Oh et puis merde, je peux bien vous le dire, vu qu'on est coincés ici pour un petit moment.

Il soupira. Son regard avait soudainement pris une expression distante.

— J'étais venu chercher ma fille. Elle a tout juste vingt et un ans et elle a abandonné ses études pour suivre son petit ami à Sydney, un écolo qui croit tout savoir.

Il jeta un regard vers Faith.

— Elle vous ressemble un peu, Faith. Même silhouette, mêmes cheveux.

— Oh…

Faith ne savait pas trop quoi lui répondre. Plus George en disait, plus elle se rendait compte du peu de choses qu'elle savait sur lui.

George soupira une nouvelle fois, lourdement.

— Elle aurait pu être la première diplômée de la famille… Elle serait peut-être devenue une fille brillante, avec un joli titre collé à son nom, exactement comme toi, trésor.

Il sourit à Faith d'un air triste, puis détourna le regard en grimaçant.

— Enfin, excusez-moi de parler de tout ça. C'est juste que ça me détruit de ne pas parvenir à lui faire entendre raison. Elle est persuadée qu'elle n'a pas besoin de son vieux père, qu'elle peut se débrouiller toute seule.

— « Nul homme n'est une île complète en elle-même », lança Locke en continuant de creuser autour de la valise qu'il avait découverte. C'est de John Donne.

George le regarda comme s'il venait de lui pousser une deuxième tête.

— Ah bon ? Ma fille aurait pu dire exactement la même chose. Elle adore citer tous ces trucs d'intellos.

Son ton était sarcastique, et Faith eut un mouvement de recul, se demandant si Locke allait se vexer. Au contraire, il continuait à regarder la valise en face de lui.

— Eh, regardez ce que je viens de trouver, dit-il calmement.

Il souleva une petite boîte rectangulaire.

— C'est un jeu de Backgammon ? demanda Faith.

— C'est ça !

Locke avait l'air content. Il enleva le sable sur le dessus de la boîte, la posa sur la plage et l'ouvrit. Il se pencha sur le jeu afin de vérifier l'état des pièces disposées dans les compartiments, une par une.

— Il a l'air intact.

— C'est cool, lança Faith, un peu distraite par George qui regardait au loin vers l'océan. Ça nous aidera à passer le temps en attendant qu'on vienne nous secourir. Et on pourra continuer à faire fonctionner nos cerveaux.

George les regardait.

— D'accord, murmura-t-il avec aigreur. Ce jeu devrait occuper les intellectuels, vous savez, ceux qui se préoccupent plus de la vie des cafards, des grenouilles et des arbres que de celle des humains…

Ses mots frappèrent Faith en plein cœur, comme une violente décharge électrique. Pourquoi disait-il cela ? Il devait probablement penser encore à sa fille… Ou peut-être pas. Son cœur se mit à battre plus vite, elle eut l'étrange pressentiment que George avait deviné ; d'une façon ou d'une autre, il *savait* ce qu'elle avait fait.

Impossible se rappela-t-elle. *Personne ne sait. Ou au moins, personne ici…* Mais le sentiment de culpabilité montait en elle. Brûlant et amer.

— Je reviens, lança George, en prenant une autre pièce du fuselage sur l'épaule.

Faith regardait la plage, en essayant d'oublier ce qu'il avait dit. Son regard fut attiré par une grande et fine silhouette qui s'approchait. C'était la fille aux pommettes hautes qu'elle avait croisée plus tôt.

— Salut, je m'appelle Kate.

Elle s'arrêta devant Locke et Faith, une main au-dessus du front pour protéger ses yeux du soleil.

— Vous êtes en train de trier les bagages n'est-ce pas ? J'aurais besoin d'un sac à dos. Quelque chose de robuste et de léger.

— Un sac à dos ? reprit distraitement Faith, encore

à moitié perdue dans ses propres pensées. Pour quoi faire ?

Kate eut l'air surpris par la question.

— Sayid et moi partons faire une promenade.

Faith ne fut pas satisfaite de la réponse. Qui donc pouvait bien partir en randonnée dans ce genre de circonstances ? Mais elle ne parvenait pas à s'intéresser suffisamment à eux pour chercher à en savoir plus. S'ils voulaient risquer de manquer l'avion des secours parce qu'ils étaient en balade dans la jungle, c'était leur problème.

— Des sacs à dos, hein ? reprit Locke en se caressant le menton et en regardant autour de lui. Vous avez frappé à la bonne porte. Je viens juste d'en vider deux qui feront l'affaire.

Il tira deux sacs de la pile de bagages vides.

— Allez-y, choisissez.

— Je vais prendre les deux. Sayid en aura probablement besoin d'un aussi.

— Et, c'est quoi exactement cette randonnée ?

Kate lui répondit – une histoire de transistor et de recherche d'un lieu où capter un signal – mais Faith ne l'écoutait pas. Elle en voulait encore à George, mais en y réfléchissant bien, elle se rendait compte qu'elle était plus en colère contre elle-même. Comme le lui rappelait toujours Gayle, elle savait qu'on ne pouvait contrôler les autres. Mais il était possible de se contrôler soi. Alors pourquoi retombait-elle systématiquement dans ses mauvais penchants, quoi qu'elle fît ? Qu'est-ce qui n'allait pas chez elle ?

— Hé, vous ne vous sentez pas bien ?

— Hein ? sursauta Faith en réalisant que Kate la fixait avec inquiétude.

— Vous êtes bien pâle, continua la femme en haussant les épaules. A mon avis, vous devriez vous mettre à l'abri du soleil un petit moment.

— Hmm, peut-être. Merci.

Faith se força à sourire pour marquer sa gratitude.

— Je vous en prie. A plus tard.

Kate s'éloigna rapidement, emportant ses deux sacs. Faith s'en rendit à peine compte. Son esprit bouillonnait, et elle n'était pas sûre de retrouver un jour la sérénité. Elle n'était même pas certaine de le mériter…

— On fait une partie ? demanda Locke.

Elle avait presque oublié qu'il était encore là.

— Pardon ?

Locke était assis derrière le jeu de backgammon.

— Une partie ? Je crois qu'on a suffisamment travaillé pour mériter une petite pause.

Il ne semblait pas remarquer son trouble, même si elle était persuadée que cela se voyait comme le nez au milieu de la figure. Etait-il vraiment aveugle, ou bien simplement poli ? Faith était trop perturbée pour répondre à cette question, ou même pour s'en préoccuper réellement.

— Je ne crois, lâcha-t-elle. Je… je crois qu'elle a raison – il faut que je reste un peu à l'ombre. Je vais essayer de retrouver mon oiseau.

— Sois prudente, conclut-il. Oh, Faith, une dernière chose…

— Oui ?

— J'espère que tu trouveras ce que tu cherches.

14

— … Et tu vois Faith, il est essentiel que cette partie s'emboîte avec cette autre et le troisième morceau joue un rôle important. Alors, tous les petits oiseaux peuvent s'envoler pour rentrer chez eux. C'est juste l'ordre du monde. Je suis sûr que tu comprends.

Le Docteur Arreglo lui faisait un grand sourire.

— Non, je ne comprends pas !

Faith faisait de son mieux pour suivre les explications de son tuteur. Mais plus il détaillait les raisons de son soutien à Q Corp, moins elle y trouvait de sens. Pourquoi n'arrivait-elle pas à comprendre ? Elle voulait comprendre…

Soudain, un oiseau entra dans la pièce par la fenêtre et se posa sur le bureau d'Arreglo. Il était d'une espèce que Faith n'avait jamais vue auparavant, une jolie petite perruche, qui secoua ses ailes colorées, laissa s'échapper un gazouillement et se mit ensuite à parler d'une voix familière.

— Ce n'est pas grave, ma petite Faith, tu n'as pas besoin de tout comprendre. Tu dois juste savoir en qui tu peux avoir confiance.

— Gayle ?

Le cœur de Faith se mit à battre plus fort lorsqu'elle reconnut la voix de sa grande sœur. En regardant de plus près, elle vit dans les yeux de l'oiseau quelque chose du regard de Gayle.

— C'est vraiment toi ?

L'oiseau poussa un petit rire mélodique.

— Bien sûr que c'est moi, ma puce ! Tu sais bien que je ne te laisserai jamais toute seule, non ? C'est pour ça que je suis revenue. Nous serons ensemble à nouveau – une famille.

— Oh Gayle, tu m'as tellement manquée !

Sa gorge s'était nouée, et elle ne parvenait presque plus à parler.

— Faith, reprit Arreglo sévèrement. Ta sœur a raison. Tu dois savoir à qui tu peux faire confiance, ou bien tout est perdu.

— Ne l'écoute pas, bébé !

Oscar venait de pénétrer brusquement dans la pièce, il était furieux.

— Il te ment ! Ce type ne sait que mentir. Ce que tu peux être naïve. Il t'a probablement fait croire que cet oiseau te parlait.

— Non, Oscar !

Maintenant que Gayle était revenue, tout prenait sens soudainement. Faith savait exactement comment réconcilier la vision d'Oscar avec celle d'Arreglo, pour que tout le monde soit content.

— Ecoutez-moi, s'il vous plaît.

— L'heure n'est plus aux explications, lança Oscar en s'approchant d'elle, les yeux plus noirs encore qu'à l'ordinaire. Il faut agir maintenant.

En un clin d'œil, ses membres fins fusionnèrent… A la place de son petit ami, Faith était désormais devant un grand serpent tigre. Avant qu'elle eût pu réagir, il avait rampé jusqu'au bureau et planté ses crochets dans l'oiseau-Gayle. La petite créature se débattit quelques secondes, un bref gazouillement s'échappa de son bec. Et puis elle s'immobilisa.

Le serpent-Oscar aux yeux perçants se retourna vers Faith et lorsqu'elle voulut crier, sa gorge se ferma, comme celle d'un reptile, et elle ne s'entendit émettre qu'un spasme douloureux.

— Faith ! Bébé, réveille-toi !

En ouvrant les yeux, encore un peu endormie, Faith vit Oscar devant elle. Il était assis sur le bord du lit de la chambre d'hôtel et lui secouait l'épaule.

— Hein, quoi ? murmura-t-elle, alors que la brume de son rêve se dissipait.

— Réveille-toi, répéta Oscar. Il se fait tard. Je suis allé nous chercher des cafés. Il y avait une note à la réception. Pour toi. Je pense que tu devrais la lire tout de suite.

— Elle est de Tammy ?

Elle se demandait s'il était arrivé quelque chose à l'un des serpents.

— Tiens, vois par toi-même.

Il lui tendit le message. Elle laissa échapper un bâillement et se redressa pour attraper le papier qu'il lui tendait.

La lecture de ce court message griffonné sur un papier à en-tête de l'hôtel, acheva de la réveiller parfaitement. L'écriture était franche, assurée – et étrangement familière.

Chère Faith,

J'ai bien reçu ton message. J'aimerais te parler le plus vite possible – j'espère que nous pourrons résoudre nos différends – tu as été l'une des étudiantes les plus prometteuses qu'il m'a été donné de connaître.

Si tu peux, passe me voir à ma suite, ce matin à dix

heures. J'ai quelques heures de libre, et nous aurons un peu de temps pour discuter en privé, aussi longtemps que tu le souhaites. Je donnerai ton nom à mon escorte – pour qu'ils te laissent passer. J'ai hâte de te voir.

Cordialement,

L. Arreglo.

Faith fixa la signature un moment, assommée. Elle crut d'abord à une mauvaise plaisanterie. Mais non. Elle avait vu l'écriture d'Arreglo suffisamment souvent pour être certaine que le mot était bien signé de lui. Lorsqu'elle approcha le papier de ses yeux pour mieux l'examiner, elle put même reconnaître l'odeur de son après-rasage.

La note était donc bien authentique. Mais de quel message s'agissait-il ? Elle n'avait rien laissé…

Elle remarqua soudain le sourire penaud que lui adressait Oscar. Elle lui répondit d'un regard suspicieux.

— Quoi ?

— Comment ça, quoi ? répondit-il, joueur.

Elle fronça les sourcils, dégagea les draps et s'assit sur le bord du lit.

— Ecoute, il est un peu trop tôt pour ce genre de jeux, dit-elle. Dis-moi ce que tu sais à propos de ce mot, et pourquoi tu as l'air d'un chat qui aurait avalé un canari, d'accord ?

Il leva la main dans un geste de capitulation.

— Ok, ok, tu m'as démasqué, murmura-t-il. J'ai peut-être laissé un mot à Arreglo à son hôtel.

— Peut-être ?

— D'accord, *j'ai* laissé un mot à son hôtel, admit-il. J'ai appelé la réception et leur ai demandé de prendre le message pour ne pas être trahi par mon écriture. Je voulais qu'il pense que ça venait vraiment de toi.

Faith passa une main sur son front. Elle était encore un peu endormie et avait du mal à suivre son histoire.

— Mais pourquoi ? Qu'est-ce que tu lui as dit ?

Il haussa les épaules, et posa une main sur son genou.

— Je me sentais un peu coupable, tu sais. De t'avoir autant mis la pression. Je sais que tu as encore du respect pour ce salaud... je veux dire pour le Docteur Arreglo. Je n'aurais pas dû te forcer à te retourner contre lui et tout ça.

— Vraiment ? demanda-t-elle avec précaution, cherchant le piège.

Etait-elle encore endormie ? En train de rêver ? Cette attitude n'avait rien à voir avec celle de l'Oscar qu'elle connaissait.

— Vraiment ! répéta-t-il en riant et lui pinçant le genou. Ne sois pas surprise. J'aimerais faire mon possible pour t'aider à te réconcilier avec lui. Si c'est ce que tu veux, c'est ce que tu veux. Mon seul désir est de te voir heureuse.

— Donc tu lui as envoyé un mot, en lui disant que je voulait lui parler...

Elle récapitulait doucement pour être certaine de bien suivre. Et maintenant qu'elle commençait à comprendre, elle se sentait embarrassée par l'initiative d'Oscar. Ce n'était pas vraiment son genre d'envoyer un mot comme ça. Et elle n'était pas non plus sûre d'apprécier qu'il l'ait fait sans l'avoir d'abord consultée. Il était si impulsif... Et s'il avait envoyé une lettre d'insultes à la place ? Quelquc chose qui aurait définitivement ruiné sa relation avec Arreglo ?

Mais il ne l'avait pas fait, se rappela-t-elle. Son inquiétude fit peu à peu place à de la reconnaissance. Aussi surprenant que cela puisse paraître, Oscar avait mis de côté son hostilité envers Arreglo, simplement pour la rendre heureuse. Et peu importait qu'elle eût agi d'une autre façon. Elle était touchée par cette attention. Personne n'avait eu un tel geste désintéressé pour elle depuis longtemps. Très longtemps…

Je suppose qu'il tient vraiment à moi, pensa-t-elle avec un frisson. Quel bonheur de ne plus se sentir seule.

15

Quel bonheur d'être un peu seule, pensait Faith alors qu'elle s'enfonçait dans la jungle. Ils n'étaient ici que depuis vingt-quatre heures, mais elle ressentait le besoin de s'éloigner un peu de cette foule d'inconnus. Les gens étaient pourtant tout à fait sympathiques pour la plupart; en fait elle était même surprise de constater combien elle en appréciait déjà certains – Locke, Claire, Hurley… Mais elle avait l'habitude de passer le plus clair de son temps seule ou alors avec un ou deux compagnons soigneusement choisis. Plus jeune, elle s'était souvent demandée ce qui n'allait pas chez elle pour ne pas aimer les grosses fêtes, ou autres événements surpeuplés. Elle avait grandi en acceptant ce qu'elle était – une sorte de serpent, préférant une existence essentiellement solitaire. Après une journée en compagnie des autres, elle avait juste besoin de s'isoler un moment.

Et d'éviter George en particulier…

Elle se mordit les lèvres en repensant à ce qu'il avait fait. Avait-elle réagi trop violemmcnt ? Gayle lui disait toujours qu'elle était aussi sensible qu'un canari dans une mine de charbon, voyant souvent le mal là où il n'était pas…

Crack!

Faith s'arrêta net et regarda autour d'elle. Le bruit venait de quelque part au-dessus d'elle, à gauche. Mais elle ne vit rien bouger dans le fourré de plantes grimpantes. Elle avait été tellement pressée de s'échapper qu'elle en avait oublié la peur de se retrouver seule dans la jungle. Mais maintenant, tout lui revenait brusquement. Son cœur se mit à battre un peu plus vite, et ses mains devinrent moites. Au fait, elle était loin de la plage ?

Elle fit un autre pas en avant, retenant sa respiration, les oreilles grandes ouvertes. Ses cheveux tirés en arrière bruissaient dans son cou, lui donnant la sinistre sensation d'être suivie. Elle essayait de se convaincre du contraire. Elle était à bonne distance du camp et aucun des survivants ne s'était encore aventuré dans ce coin. Elle se mit à marcher un peu plus vite, attentive au moindre signe autour d'elle. La jungle était pleine de mouvements, comme d'habitude – des petits oiseaux marron volaient d'arbre en arbre au-dessus d'elle, s'appelant joyeusement l'un l'autre. Le vent chatouillait les feuilles d'un bouquet de palmes trapus. Juste au-dessus, un petit lézard passa brièvement, en donnant un léger coup de sa longue queue pareille à un fouet.

Cette scène aurait pu être idyllique et apaisante. En temps normal, Faith aurait adoré ce moment de liberté et de solitude, au milieu de la nature, dans un si bel environnement. Mais elle avait beau essayer de se convaincre du contraire, elle sentait bien qu'ici, quelque chose n'allait pas. Elle ne se sentait pas en sécurité. Peut-être valait-il mieux qu'elle fasse demi-tour…

Un brusque flash coloré au-dessus de sa tête la ramena à la réalité. Elle eut le souffle coupé. Ses yeux essayaient de faire la mise au point sur une tache floue turquoise, rouge, vert pâle et marron foncé. Elle avança dans un rayon de soleil si intense que l'espace d'une seconde, elle fut presque aveuglée. Elle chancela, cligna rapidement des yeux, essayant de suivre le mouvement de l'oiseau qui sautait d'ombre en ombre. Si seulement elle pouvait le voir d'un peu plus près, au moins elle saurait...

Son pied tomba sur une brindille racornie ; un bruit sec résonna dans toute la jungle. Il y eut un bruissement de plumes et l'oiseau s'envola, filant entre les troncs d'arbres.

— Attends ! lâcha-t-elle, en se lançant à sa poursuite.

Elle craignait de l'avoir déjà perdu. Mais après avoir fait le tour d'un rocher saillant, elle surprit les plumes turquoises juste sous sa queue alors qu'il disparaissait encore dans les ombres.

Elle lui courut après, sans le quitter des yeux. Alors qu'elle traversait un bosquet de bambous, le bruissement des minces feuilles sèches semblait se caler sur le rythme de sa respiration haletante. Elle émergea de l'autre côté du bosquet et buta sur une touffe de grosses plantes grimpantes qui pendaient d'un tronc d'arbre mort. Après l'avoir contourné, elle fit une pause et respira intensément en cherchant le perroquet autour d'elle.

Un bruit de mouvement se fit entendre dans un buisson au-dessus d'elle. Faith aperçut à peine l'oiseau avant qu'il ne s'envole à nouveau, précipitamment, à ras du sol. Elle se remit à courir après, enjambant des bûches tombées au sol et des roches, évitant soigneusement d'être retenue ou giflée au visage par des branches ou des racines. L'air humide était calme et lourd. Elle sentait sa propre sueur perler sur ses lèvres et lui brûler les yeux. La succession de clairières pleines de soleil ou d'ombre commençait à lui faire tourner la tête, mais elle ne ralentit pas. Elle ne voulait pas perdre l'oiseau à nouveau.

Alors qu'elle commençait à se demander combien de temps elle pourrait encore tenir à ce rythme, le perroquet changea brusquement de direction, bifurquant sur la droite, en contrebas, et plongeant dans un vallon parsemé d'énormes blocs de roche. Elle glissa plusieurs fois sur ce terrain rocailleux et mouvant. Au moment où elle pensait avoir perdu des yeux le volatile, elle le vit à nouveau, juste devant elle. Il était perché sur une longue et haute branche, à l'ombre d'un large surplomb, dodelinant légèrement de la tête.

Enfin ! Faith se glissa un peu plus en avant, à bout de souffle. Elle n'avait plus qu'à rester silencieuse désormais et elle aurait la réponse à sa question. Si seulement elle parvenait à identifier formellement l'oiseau et obtenait la preuve de l'existence d'un spécimen *Psephotus pulcherrimus* vivant, assis sur cette branche juste devant elle, les deux jours qui venaient de s'écouler en deviendraient moins désastreux. Elle pourrait même trouver finalement un sens et un but à cet atterrissage forcé dans cette jungle…

Elle fit un pas de plus vers l'oiseau. Son ventre brillant, vert citron, brillait dans l'obscurité du surplomb, mais à cause du contraste entre l'ombre et la lumière, elle avait du mal à distinguer d'autres détails. Elle devait s'approcher…

Au pas suivant, une petite pierre se déroba sous son pied, et elle tomba lourdement sur les genoux. Des cailloux et de plus gros rochers roulèrent bruyamment, emportés par la pente. Effrayé, l'animal s'envola au-dessus des broussailles et disparut à nouveau dans la jungle.

— Non ! cria Faith, frustrée. Reviens !

Elle se remit à courir dans la jungle, dans la direction qu'avait prise l'oiseau. Mais elle ne le vit nulle part. Elle choisit une direction au hasard. Elle allait aussi vite qu'elle pouvait, se frayant furieusement un chemin dans de denses sous-bois, scrutant la cime des arbres, en vain. Ce n'est qu'après avoir trébuché sur une racine pour la troisième ou quatrième fois et failli tomber face contre terre qu'elle décida qu'il était temps d'abdiquer. L'oiseau était parti.

Le pied qui avait buté contre la racine lui faisait mal. Faith jeta un coup d'œil autour d'elle en soupirant… et s'aperçut soudain qu'elle n'avait aucune idée de l'endroit où elle se trouvait. L'excitation de la chasse fut rapidement remplacée par la peur. Elle était perdue.

Elle tenta de ne pas céder à la panique.

Ce n'était bien sûr pas la première fois qu'elle se retrouvait dans un endroit aussi isolé. Elle devait s'efforcer de rester calme pour rebrousser chemin. Mais elle ne put suivre ses propres pas que sur quelques mètres, avant qu'ils ne se perdent dans le tapis de feuilles qui recouvrait le sol. Elle était entourée par une forêt de grands arbres à l'allure étrange et à l'écorce molle, avec d'énormes racines aériennes. Il y avait peu de brindilles par terre. Elle ne pourrait donc pas retrouver sa propre trace en repérant les branches cassées ou d'autres signes. En levant la tête, elle réalisa qu'elle ne pouvait même pas voir le soleil à travers la dense voûte de végétation pour se donner une idée de la direction à prendre pour retrouver la plage.

Elle erra sans but pendant un moment, sans pouvoir se repérer. L'air humide semblait respirer avec elle, et elle se sentait prise de panique et de claustrophobie. Qu'est-ce qui lui avait pris de se mettre à courir après un oiseau comme ça ? Elle n'avait pas pour habitude d'être aussi impulsive et irréfléchie. D'une certaine façon pourtant, identifier cet oiseau lui avait semblé la chose la plus importante au monde. L'espace d'un instant, elle avait oublié toutes ses peurs et anxiétés, tous les problèmes des deux derniers jours. Et maintenant, elle en était là, bredouille, et en très mauvaise posture. C'était cher payé pour un coup de tête. Qu'allait-elle faire maintenant ?

Elle s'arrêta dans une clairière, essayant toujours de lutter contre la panique qui la gagnait, et regarda autour d'elle. Elle devait envisager sereinement la situation, trouver un moyen de s'en sortir. Des arbres noueux, majestueux entouraient la clairière, leurs fines feuilles montaient très haut et cachaient le soleil, créant une ombre lugubre autour d'elle. Des plantes grimpaient ici et là, semblables à de longs doigts sans vie s'étirant vers la terre. Le sol était couvert d'un épais tapis d'herbes vert pâle de plus de cinquante centimètres qui ondulait légèrement au rythme de la brise qui traversait la clairière.

Mais *était-ce* bien le vent qui faisait ondoyer les herbes ? Faith eut les mains moites en remarquant que le mouvement était confinée sur une petite surface bien délimitée – de longues et fines bandes découpées dans l'herbe, comme si un serpent invisible s'avançait vers elle.

Elle fit un pas en arrière et regarda autour d'elle nerveusement. Une autre section du sol commença à balancer et à pencher. Puis une autre. Et encore une autre.

Elle fit un tour sur elle-même, la gorge nouée, le souffle coupé. Ça bougeait partout autour d'elle. Elle était encerclée ! La jungle autour de la clairière s'était faite étrangement silencieuse, et elle pouvait entendre le *shhh shhh* diffus, d'écailles frottant le sol.

Elle était tétanisée par la peur, mais quelque chose en elle se rebella contre les événements. Des serpents, ce n'était que des serpents. Elle fixait le cercle en mouvement, essayant de se convaincre qu'il était stupide de paniquer. Elle adorait les reptiles. Elle les comprenait ; elle leur avait consacré sa vie.

Mais cela ne changeait rien au fait qu'à cet instant, pour la première fois de sa vie, ils la terrifiaient complètement.

Elle sursauta au cri d'un oiseau au-dessus d'elle. Elle leva les yeux. Aucun signe de l'oiseau qui avait chanté, mais elle remarqua une de ces plantes ressemblant à des doigts qui descendait presque jusqu'à elle.

Ses yeux revinrent se poser sur les serpents invisibles qui n'étaient plus qu'à quelques mètres d'elle, s'approchant de toute part. Ils allaient l'atteindre dans quelques secondes.

Elle sauta et attrapa la branche qui pendait et leva les jambes au-dessus des herbes. Elle n'osa pas regarder en bas, se hissa un peu plus haut, ses membres lui faisant terriblement mal. Une main après l'autre, elle réussit à grimper suffisamment pour pouvoir enrouler ses jambes autour de la branche, ce qui rendit les choses plus faciles. Elle ne s'arrêta qu'après avoir trouvé refuge sur un solide branchage, dans un arbre à cinq mètres au-dessus du sol.

Elle regarda en bas, les herbes étaient immobiles.

16

Faith était assise, immobile, sur le bord du lit, les yeux rivés sur la note d'Arreglo. Des questions à moitié posées plein la tête, elle ne savait trop quoi penser ou quoi faire.

— Alors, demanda Oscar, avec un soupçon d'impatience dans la voix. Tu vas aller le voir ou pas ?

— Je ne sais pas. Je crois qu'il serait mieux que j'attende d'être rentrée à la maison et qu'il ne soit pas aussi occupé.

— Ne sois pas ridicule, répondit-il immédiatement, en attrapant la note et en la remuant devant les yeux de Faith. Il veut te voir, et même te consacrer du temps. Ce serait un peu irrespectueux de ne pas y aller.

— Oh ! Tu dois avoir raison.

Elle n'avait pas vu les choses sous cet aspect.

— Je ne suis même pas sûre de parvenir à le joindre pour lui dire que je ne viendrais pas… Oh ! Je ne sais pas où est son hôtel. Comment vais-je…

— Relax, l'interrompit-il avant qu'elle cédât à la panique. C'est moi qui l'ai appelé, tu te rappelles ? Je sais parfaitement où il est et comment y aller. Je t'y emmène. Mais dépêche-toi de t'habiller ! On n'a pas beaucoup de temps.

Elle regarda le réveil sur la table de chevet. Il avait

raison. Elle ne pensait pas avoir autant dormi ; il était déjà neuf heures.

Bondissant hors du lit, elle alla fouiller dans les tiroirs où elle avait mis ses affaires. Elle était contente d'avoir emporté sa jolie jupe en tweed et son chemisier vert pâle imitation soie.

— J'arrive, lança-t-elle à Oscar en courant à la salle de bains.

L'eau de la douche de l'hôtel se réchauffa rapidement. Cela changeait de la vieille tuyauterie de sa résidence universitaire, ou de la douche minuscule de l'appartement d'Oscar. Elle resta un long moment sous le jet, laissant l'eau la libérer des restes de sommeil qui encombraient encore son esprit. Toute cette histoire cependant lui paraissait toujours un peu irréelle – la note, le rendez-vous avec Arreglo – mais elle n'avait pas trop le temps de se poser de questions.

En sortant de la douche, elle entendit un discret murmure dans la chambre à côté. Elle pensa d'abord qu'Oscar avait allumé la télévision, mais reconnut son rire. Il devait être au téléphone.

C'était probablement Tammy, ou quelqu'un d'autre du groupe. Elle se sécha rapidement et attrapa une brosse à dents au milieu du fouillis dans la trousse de toilette d'Oscar. Elle commençait à se dire qu'elle l'avait sous-estimé – elle n'aurait jamais imaginé qu'il réagirait de cette façon. Elle s'adressa un sourire dans le miroir, en réalisant qu'Arreglo avait été à l'origine de leur première rencontre, et qu'il était encore celui qui les rapprochait aujourd'hui. Pour peu, Faith aurait commencé à croire au destin…

La voix d'Oscar avait d'abord été calme et posée, et puis, alors qu'elle fermait le robinet du lavabo, il se mit à parler plus fort et plus vite. Il faisait toujours comme ça lorsqu'il se laissait déborder par son excitation. Elle l'écoutait tendrement, se demandant vaguement de quoi il parlait.

— ... je t'avais dit que ça marcherait, s'exclama-t-il. Cette fois, ça y est, c'est bon.

Il se remit à parler plus doucement. Elle tendit le bras pour atteindre les vêtements qu'elle avait posés sur la cuvette. Elle réalisa que la jupe qu'elle portait était celle qu'elle avait mise à son dernier rendez-vous avec Arreglo, un an auparavant. A cette pensée, son estomac se noua, comme ce jour-là. Arreglo et elle parviendraient-ils à régler leur différend pour repartir d'un meilleur pied ? Lorsqu'elle repensait à leur dernière conversation, cela lui semblait difficile. Mais avec la note qu'il avait laissée, ce n'était plus seulement du domaine du possible, c'était devenu probable...

— Oui !

La voix d'Oscar résonna dans l'autre chambre, la tirant de ses réflexions.

— Je t'ai promis que je marcherai dans cette histoire et je marche. Ne t'en fais pas. Je peux le faire. Fais-moi confiance. En fait, j'ai même hâte de régler ça.

Il avait presque l'air en colère, et elle jeta un regard vers la porte avec inquiétude. Il baissa enfin d'un ton, si bien qu'en s'approchant de la porte, elle ne put entendre ce qu'il disait.

Elle jeta un coup d'œil à sa montre, sur le rebord du lavabo. En voyant l'heure, elle oublia la conversation d'Oscar et se dépêcha de finir de s'habiller. Elle était si nerveuse, qu'elle ressentait physiquement les effets du stress, mais elle s'accrocha à l'idée qu'Arreglo voulait la voir. S'ils parvenaient à se réconcilier, ce serait sans doute l'événement marquant de ce séjour.

Une des phrases de son discours à la radio lui revint

à l'esprit. *On ne peut pas avoir d'influence si on refuse de s'engager*. On pouvait considérer cette expression comme une excuse pour avoir bradé ses principes – ou comme un hommage au pouvoir et au potentiel des compromis. Peut-être qu'Oscar aussi comprendrait ça un jour.

— Faith ?

Il frappa à la porte de la salle de bains.

— Faith ? Tu es prête ? Il faut y aller.

— Presque.

Elle passa un coup de peigne dans ses cheveux humides, se regarda une dernière fois dans le miroir et sortit.

Oscar était dans l'étroit couloir devant la salle de bains, tapant du pied. Il portait un chapeau à large bord qu'elle n'avait encore jamais vu et avait pendu à son bras le coupe-vent de Faith.

— Je n'aurai probablement pas besoin de ça, lui dit Faith en désignant sa veste. Il va faire le même temps qu'hier. Où est-ce que tu as trouvé ce chapeau ?

— Prends-le quand même. Il y aura la clim dans l'hôtel d'Arreglo et tu as encore les cheveux mouillés.

Touchée par ses marques d'attention, elle haussa les épaules et enfila la veste malgré la chaleur qui régnait dans la chambre. Elle était encore surprise de voir à quel point il l'encourageait et la soutenait. En le suivant dans le hall, elle l'observa avec un regard neuf, admirant sa mâchoire volontaire alors qu'il appuyait sur le bouton d'appel de l'ascenseur.

— Quoi ? demanda-t-il, se sentant regardé.

— Rien, répondit-elle timidement. Je suis juste impressionnée de voir combien tu es cool dans toute cette affaire. Avoir écrit la note et tout ça… alors que tu détestes le Docteur Arreglo.

Il haussa les épaules et lança un demi-sourire.

— Je suis plein de surprises.

Il rit en la prenant dans ses bras et en lui pinçant doucement les hanches.

— Plus sérieusement, bébé, ton bonheur est plus important que tout le reste.

Il se balançait d'un pied sur l'autre, et jetait des coups d'œil répétés au témoin lumineux de l'ascenseur.

— Combien de temps il faut pour prendre un ascenseur dans ces foutus immeubles ?

Faith enfonça sa tête dans ses épaules pour dissimuler un sourire. Elle voyait bien qu'il était tendu. Rendre un service à son propre ennemi, Arreglo, n'était pas facile pour lui. Elle se promit de trouver un moyen de le remercier pour son geste.

— Enfin ! s'exclama-t-il en voyant les portes s'ouvrir. Allez, bébé, il faut qu'on se dépêche.

Un quart d'heure plus tard, ils étaient dans le vaste hall silencieux d'un hôtel de grand standing. Même habillée avec ses plus beaux vêtements, Faith se sentait un peu hors du coup, parmi ces hommes et ces femmes vêtus à la dernière mode, qui patientaient au comptoir de la réception ou lisaient des magazines dans le salon. Elle serra son manteau sur son corps et jeta des coups d'œil nerveux autour d'elle.

— Prête à monter ? demanda Oscar.

Il avait sorti une paire de lunettes noires.

— Pourquoi tu mets ça ici ?

Il sourit et tira d'un petit coup sec sur le bord de son chapeau pour l'abaisser un peu devant ses yeux.

— Lâche-moi un peu, bébé. Je veux bien t'accompagner, te soutenir et tout ça. Mais j'aime autant que mes amis ne me surprennent pas à traîner chez Arreglo.

Il se mit à rire bruyamment et plusieurs personnes se retournèrent vers lui avec curiosité.

— Très drôle, répondit-elle en souriant nerveusement. Mais ça va aller à partir de maintenant. Tu n'es pas obligé de monter avec moi. Tu peux peut-être aller m'attendre au bar si tu préfères…

— Pas question ! dit-il immédiatement. Je veux rester avec toi, pour, tu sais, te soutenir moralement. Je te dois bien ça, après tout ce que j'ai fait. S'il te plaît.

Faith hésita. Elle n'était vraiment pas sûre que ce fût une bonne idée de monter avec lui. Il était bien du genre à ne pas résister à la tentation de lui faire un odieux commentaire lorsqu'ils seraient face à face.

En la voyant hésiter, Oscar lui prit les deux mains et la regarda par-dessus ses lunettes.

— Sérieusement, princesse, je veux te prouver que je suis prêt à faire n'importe quoi pour toi. Tu es mon univers, bébé.

Elle ne pouvait rien lui refuser lorsqu'il l'appelait comme ça. Et puis finalement, elle n'était peut-être pas prête à affronter Arreglo toute seule.

Elle serra ses mains et hocha la tête.

— Merci, conclut-elle. Il est presque dix heures. Allons-y et finissons-en avec cette histoire.

17

Les bras de Faith la faisaient horriblement souffrir lorsqu'elle posa enfin le pied sur le sol de la jungle. Même si les serpents ne donnaient plus aucun signe de vie dans les herbes, elle avait grimpé à travers les branches du grand arbre jusqu'à pouvoir descendre bien au-delà des limites de la clairière.

Elle frotta les paumes douloureuses de ses mains sur sa chemise. Elle commençait déjà à se sentir idiote et balaya l'endroit du regard. D'ici, tout semblait si beau et si serein. Même si ça avait bien été des reptiles, elle ne voyait pas trop ce qui l'avait fait paniquer à ce point.

A moins que… Ces serpents n'avaient pas un comportement ordinaire ; ça, elle en était aussi convaincue qu'on puisse l'être. Ils l'avaient chassée. Et les serpents ne *font* pas ça, tout simplement…

Aaaaaaaaaaah !

Le cri de terreur était lointain, mais reconnaissable immédiatement, même à cette distance.

— George, murmura-t-elle alors que l'écho du hurlement résonnait à travers la forêt.

Elle regarda dans la direction d'où provenait le hurlement. L'espace d'une seconde, elle fut tentée de l'ignorer. Quelqu'un de plus proche serait certainement en mesure de lui porter secours cette fois. Et puis il était sans doute effrayé par un affreux insecte courant sur un arbre…

A l'aide ! Au secours, venez m'aider, s'il vous plaît !

Elle n'y arrivait pas. Elle ne pouvait pas ignorer cet appel au secours – même après tout ce que George avait dit et fait. Elle ne savait pas comment l'ignorer. Adolescente, la même faiblesse l'avait poussée à s'arrêter pour sauver un rouge-gorge blessé, alors qu'elle était déjà en retard pour un entretien d'embauche. Cet incident avait failli lui coûter le poste, mais elle avait été incapable de le regretter – surtout lorsque, quelques jours plus tard, sa sœur et elle avaient libéré l'oiseau, parfaitement guéri, depuis le toit de leur immeuble et l'avaient regardé s'envoler dans le ciel, heureux et libre…

Elle se mit en route, ajustant son parcours à chaque nouveau cri poussé par George. Elle s'aperçut alors que la voix lui permettrait certainement de retrouver le campement. Cette pensée l'enchanta, mais elle essaya de ne pas se laisser distraire.

Les hurlements se faisaient désormais plus distincts et plus proches, et elle remarqua qu'elle était de retour dans un endroit familier. Elle reconnut les branches bizarrement tordues d'un certain arbre près duquel elle était déjà passée, ou une formation rocheuse particulière un peu plus loin… En avançant, elle eut pu jurer qu'elle sentait l'odeur salée de la plage.

Son soulagement fut rapidement effacé par un autre cri.

— Au secours, s'il vous plaît ! Je… je ne vais pas pouvoir rester ici plus longtemps !

En courant vers George, elle se retrouva sur le bord d'une zone rocailleuse et dégagée. D'énormes rochers émergeaient du sol ici et là. A l'autre bout de la zone, le sol s'élevait en pente raide pour finir en une falaise rugueuse coiffée d'une rangée de palmes, penchant au-dessus du vide comme si elles surveillaient le sol en dessous.

George se tenait en équilibre sur sa main gauche et ses deux genoux au sommet d'une pointe rocheuse, au pied de la falaise. La pointe devait être à un peu plus d'un mètre vingt du sol ; elle avait à peu près la taille et la forme d'une planche de surf, encadrée des deux côtés par d'épais arbustes épineux. Il tenait dans la main droite une petite valise défoncée, qu'il venait sans doute de récupérer dans les racines et les pierres juste au-dessus de lui – Faith voyait d'autres débris de l'avion à cet endroit. Il fixait le bout du rocher devant lui et serrait les dents sans qu'elle sût si c'était de douleur ou de peur.

Elle n'eut d'abord aucune idée de ce qui se passait. Est-ce que ses vêtements ou sa peau étaient accrochés dans les épines des arbustes ? Ou bien peut-être était-il tombé de plus haut, se blessant le dos ? Et s'il était paralysé ? Il lui faudrait alors retrouver la plage et Jack…

Au bout de quelques secondes, Faith se rendit compte qu'elle n'était pas très utile à George en restant plantée là, paniquée, à se demander ce qu'il avait.

— George ? lança-t-elle d'une voix tremblante. Qu'est-ce que vous faites là ?

Il tourna la tête immédiatement.

— Faith ! souffla-t-il, visiblement soulagé de la voir. Dieu merci. Dis-moi que c'est un de ces inoffensifs bébés pythons, s'il te plaît.

C'est alors seulement qu'elle vit le serpent. Il était enroulé autour du rocher, à cinquante centimètres devant George, et balançait la tête d'avant en arrière, le fixant du regard, d'un air menaçant.

Le cœur de Faith manqua un battement. Refusant

de se contenter d'une conclusion trop rapide, elle fit quelques pas pour s'approcher. Elle n'était plus qu'à quelques mètres maintenant et voyait clairement le serpent, petit mais au corps puissant et large, avec une tête triangulaire, des bandes grises et marron, et une fine queue pointue et jaune. Elle l'observa un long moment, essayant de se convaincre qu'elle se trompait.

— Alors ? demanda George anxieux.

Il tourna brièvement la tête en direction de Faith avant de revenir au reptile. L'homme et l'animal semblaient se défier, chacun cherchant à faire céder l'autre.

— C'est bon, je peux bouger ?

— Non, lâcha Faith.

Le serpent l'entendit et se tourna légèrement vers elle. Sa langue battait l'air et sa queue remuait alors qu'il cherchait à identifier la source de ce nouveau bruit.

Elle fit de son mieux pour garder une voix calme et rassurante, pour ne pas exciter davantage l'animal.

— George, tu vas devoir rester parfaitement immobile. C'est un *Acanthophis*.

— Un quoi ? questionna George avec une pointe d'irritation dans la voix, en plus de la panique. Parle français, tu veux. C'est venimeux ce machin ?

— Oui, très. Son nom le plus répandu est vipère de la mort.

Elle avait la gorge nouée ; le serpent lança un sifflement menaçant.

18

Lorsque les portes de l'ascenseur s'ouvrirent, Faith fut surprise de voir plusieurs hommes de forte carrure en uniforme dans le couloir, quelques portes plus loin.

— Que se passe-t-il ? souffla-t-elle nerveusement à Oscar.

Il jeta un coup d'œil vers eux.

— Des gardes du corps. Arreglo n'est pas vraiment Monsieur Populaire ces derniers temps, tu te souviens ?

Faith jeta un autre regard à l'extérieur de l'ascenseur, se sentant soudain indécise à propos de toute cette histoire. Pourquoi n'avait-elle pas suivi son premier réflexe et attendu de rentrer à la maison pour régler tout ça ? Etre ici rendait les choses tellement plus compliquées.

— Peut-être que ce n'était pas une si bonne idée, marmonna-t-elle.

Oscar laissa échapper un grognement d'impatience.

— Tu ne vas pas te mettre à flipper maintenant, bébé. Allez, on y va.

Faith ne voulait toujours pas bouger et Oscar la poussa énergiquement. Elle trébucha et reprit son équilibre dans le couloir alors que les portes de l'ascenseur commençaient déjà à se refermer. Oscar sortit derrière elle juste à temps.

Elle lui jeta un regard furieux.

— Pourquoi m'as-tu poussée ? Tu sais, plus j'y pense, et plus je me dis que nous devrions prendre deux minutes pour avoir une sérieuse conversation tous les deux. Et vite. Je commence à trouver que tu te permets de prendre de plus en plus de décisions à ma place, ces derniers temps – à commencer par ce voyage, à bien y réfléchir – et je ne suis pas sûre d'apprécier. Ce n'est pas le genre de relation que je pensais avoir avec toi.

Il lui jeta un sourire nerveux du bout des lèvres tandis que ses yeux scrutaient le couloir.

— Désolé bébé. Comme tu veux. Nous reparlerons de tout ça plus tard. Si ça a encore de l'importance à ce moment-là.

Elle ne voyait pas trop ce qu'il entendait par là. Mais les gardes du corps les aperçurent, ne lui laissant pas le temps de l'interroger.

— Vous, là ! lança l'un d'eux d'une voix forte. Je peux vous aider ?

Faith sentit sa gorge se serrer, l'homme l'intimidait par sa corpulence autant que par son allure d'homme d'affaires. Elle lut le nom écrit sur le badge épinglé à sa veste. TIM J. NEW SOUTH WALES SECURITY SERVICE.

— Heu… Faith Harrington ? glapit-elle. Je suis… c'est-à-dire, heu…

— Elle vient voir Arreglo, poursuivit Oscar en attrapant son bras pour la faire avancer de quelques pas.

Le garde lui jeta un regard suspicieux.

— Harrington ? demanda-t-il. Oui, Arreglo l'attend. Et vous, vous êtes ?

— Je suis avec elle, répondit Oscar en faisant un signe de tête en direction de Faith. Petit ami.

— C'est vrai, ajouta rapidement Faith. Je l'ai fait venir avec moi. J'espère que ça ne pose pas de problème.

Elle voyait bien que les gardes faisaient juste leur travail. Consciencieusement. Mais elle préférait ne pas s'imaginer ce qui arriverait si ces regards et ces questions soupçonneuses déclenchaient la colère d'Oscar. A cet instant, elle n'était pas sûre d'être en état de gérer les effets courroucés d'un coup de sang.

Les deux gardes échangèrent un regard. Puis l'un d'eux, Tim J. haussa les épaules.

— J'suppose que ça ira, dans ce cas. Mais je crains de devoir vous fouiller, jeune homme. Désolé. J'espère que vous comprenez.

Faith grimaça, anticipant l'orage outragé qui allait certainement s'abattre. Oscar détestait se soumettre à une quelconque forme d'autorité. Chez lui, il traversait systématiquement en dehors des passages piétons dès qu'il apercevait un flic et il payait toujours son loyer à la dernière heure du dernier jour de la date limite parce que son propriétaire avait une fois osé lui reprocher son retard.

A sa surprise, pourtant, il fit immédiatement un pas en avant et leva les deux bras.

— Fouillez donc, mon bon monsieur, s'exclama-t-il jovialement. Rien à cacher.

Faith le regarda avec étonnement, tandis que le garde le fouillait soigneusement, d'un geste expert.

— Ok, vous n'avez rien. Allez-y.

Il frappa à la porte derrière lui.

— Merci, mec, conclut Oscar en frappant vivement à la porte.

Faith avait chaud. Elle enleva son coupe-vent et le serra sur sa poitrine, regrettant de ne pas disposer de quelques minutes de plus pour remettre de l'ordre dans ses idées. Tout s'était passé si vite qu'elle avait la tête qui tournait. Et puis elle n'avait pris rien d'autre qu'une tasse de café depuis son réveil. Non, décidément, elle ne se sentait pas prête à affronter Arreglo, là, tout de suite.

— Tu veux que je te tienne ça, bébé, demanda Oscar en lui prenant sa veste pour la glisser sous son bras sans attendre sa réponse.

— Merci, je ne comprends pas pourquoi je suis si nerveuse.

Oscar lui prit la main et la serra si fort que ses ongles s'enfoncèrent dans sa peau.

— Ne t'inquiète pas, tu vas très bien t'en sortir, lui assura-t-il. Parfaite, tu vas être parfaite.

Sur ces mots, la porte s'ouvrit sur le visage barbu bienveillant du Docteur.

— Faith, ma chère ! s'écria-t-il, les yeux brillants de joie. Tu es venue ! Je suis tellement content de voir !

Soudain, tout parut plus facile comme par magie. Pourquoi s'était-elle mise dans un état pareil ? Devant son regard attentionné et son visage ouvert, elle se sentit beaucoup mieux. Plus à l'aise. Elle appréhendait encore le moment de lui dire tout ce qu'elle avait sur le cœur, ou d'accepter ses nouveaux arguments, mais maintenant au moins, elle savait qu'Arragelo tenait une place importante dans sa vie. Il avait longtemps incarné sa seule figure paternelle et elle réalisa combien il lui avait manquée. Finalement, elle était contente qu'Oscar l'eût forcée à venir, au sens propre comme au figuré. Autrement, elle n'aurait jamais eu le courage de surmonter sa peur.

— Bonjour, dit-elle doucement. Je… je suis venue m'excuser…

Arreglo jeta un regard prudent vers les gardes du corps, puis dévisagea Oscar avec curiosité, avant de revenir à elle.

— Moi aussi, Faith, lança-t-il avec enthousiasme. Moi aussi. Mais venez, entrons discuter.

Il s'effaça pour laisser passer les deux étudiants avant de s'adresser aux gardes du corps.

— Mes amis, je dois avoir une longue conversation avec ma chère Faith. Ne laissez personne me déranger jusqu'à mon prochain rendez-vous.

Puis, il se retourna vers elle et lui lança un clin d'œil.

— Cela nous laisse deux heures pour nous expliquer. J'espère que ça suffira.

Il les fit entrer et ferma la porte. Ils traversèrent un long couloir d'environ dix mètres qui débouchait sur une épaisse porte en bois. Celle-ci s'ouvrait sur un salon spacieux et aéré. Au fond, une grande baie vitrée offrait une vue imprenable sur le centre-ville de Sydney, une douzaine d'étages plus bas. On apercevait à travers une porte entrouverte une chambre petite mais visiblement confortable. Les meubles étaient modernes et luxueux. Des arbustes en pot étaient disposés au quatre coins de la pièce.

— C'est sympa ici, constata poliment Faith alors qu'Arreglo s'arrêtait au milieu de la pièce.

— Oui. En temps normal, je ne loge pas dans un endroit aussi classe, répondit Arreglo en se frottant la barbe et en regardant autour de lui. Mais Q Corp a insisté pour me payer le voyage, et voilà…

Faith lança un rapide regard inquiet à Oscar, certaine qu'il serait incapable de laisser passer cette remarque. Mais il ne semblait même pas prêter attention à ce que disait le Docteur. Il fouilla dans la veste de Faith, semblant chercher quelque chose et puis finit par la poser sur le dossier d'une chaise en cuir noir. Il en avait profité pour enlever ses lunettes.

— En parlant du diable, puisque c'est comme ça que la plupart d'entre nous perçoivent Q Corp, continua Arreglo en lâchant un rire bref. Je te promets, Faith, de faire de mon mieux pour t'expliquer mon choix. Je sais que ça t'a beaucoup contrariée, et je peux comprendre pourquoi.

— J'ai juste été surprise, je crois, répondit-elle. J'ai probablement réagi un peu violemment. Mais vous avez changé de posture si rapidement, que j'en ai été effrayée, je crois. Je n'aime pas trop les changements violents.

Arreglo hocha la tête en souriant.

— Il faut qu'on en parle. Je veux que tu comprennes mieux mes raisons. Je crois que quand tu sauras tout, tu verras que j'ai pris la meilleure décision. Et si tu n'es pas d'accord, ça sera un peu plus clair au moins, n'est-ce pas ? Je suis si heureux que tu sois là. Je me suis senti tellement mal, après ce qui s'est passé entre nous.

— Merci.

Faith lui souriait, comme si un poids lui était doucement mais sûrement enlevé des épaules. Finalement, son univers reprenait un aspect normal…

Elle réalisa soudain qu'elle n'avait pas présenté Oscar et se tourna vers lui avec un sourire. Il était resté un peu en retrait, les mains dans les poches de son pantalon baggy kaki.

— Désolée ! Docteur Arreglo, j'ai oublié de vous présenter mon petit ami Oscar Wolfe. Oscar, je te présente le Docteur Arreglo.

Arreglo s'avança vers lui pour lui serrer la main.

— Bienvenue, jeune homme. Les amis de Faith sont mes amis.

— C'est un plaisir de vous rencontrer monsieur, répondit Oscar en sortant la main de sa poche pour serrer chaleureusement celle du vieil homme. Je vous ai apporté un petit cadeau…

Il sortit vivement son autre main de la poche qui tenait un objet cylindrique et brillant. *Une seringue ?* se demanda Faith, confuse. *Mais qu'est-ce que…*

En un éclair, Oscar tira le Docteur à lui et lui planta la seringue dans la poitrine.

19

Faith sentait son cœur battre dans sa poitrine, alors qu'elle observait le serpent sans trop savoir quoi faire.

— Ne bougez pas, dit-elle à George en le voyant se balancer d'un genou sur l'autre.

Il commençait visiblement à souffrir de cette position inconfortable et laissa échapper un gémissement.

— Je ne sais pas si je vais pouvoir. Plus pour longtemps en tout cas…

Faith se mordit les lèvres, priant pour que son cerveau englué se remette à fonctionner. Les vipères de la mort ne craignaient pas autant les humains que les autres espèces, et il était donc peu probable que l'animal batte en retraite de lui-même s'il ne l'avait pas encore fait. Cependant, il n'attaquait que très rarement, dans la mesure où on ne le touchait pas. C'était probablement la raison pour laquelle George n'avait encore rien, malgré ses cris et gesticulations. Elle ne pouvait pas jurer de l'issue de cette aventure pour autant. Cet homme s'était introduit sur le territoire de l'animal qui pouvait très bien en être suffisamment irrité pour s'attaquer à lui au moindre geste brusque.

— Ne bougez pas, répéta-t-elle.

— Tu l'as déjà dit ça, murmura-t-il, le souffle coupé

par la peur. Alors qu'est-ce que je suis censé faire ? Je vais pas rester comme ça toute ma vie.

Il avait raison. L'étroit piton rocheux sur lequel il se trouvait était à peine plus large que lui, et il ne pouvait presque pas ajuster sa position. Quant à son équilibre, il était rendu précaire par les flaques d'eau, à cause de la récente averse. Le mur de la falaise était juste derrière lui ; les buissons hérissés d'épines piquantes à quelques centimètres de part et d'autre ; et le serpent à pas plus de cinquante centimètres devant. Son visage d'ordinaire si rouge était blanc d'épuisement et de peur.

Si je n'étais pas arrivée à temps... pensa Faith. Mais elle ne prit même pas la peine de finir sa phrase. Jusque-là, bien qu'elle ait identifié le reptile, elle ne lui avait pas été d'un grand secours.

— Ok, accrochez-vous encore quelques secondes, souffla-t-elle, tâchant de le rassurer, espérant que ses genoux et son équilibre tiendraient encore un peu. Je vais vous tirer de là.

— Vite ! laissa-t-il échapper de ses mâchoires serrées.

Il fixait le serpent qui se balançait légèrement. Faith jeta un regard désespéré autour d'elle. Elle avait déjà examiné et rejeté l'idée de lancer un objet vers l'animal pour le distraire ou le tuer. Car, même dans l'hypothèse où elle réussirait à l'atteindre – ce qui était loin d'être gagné – elle craignait de ne réussir qu'à aggraver la situation. Un serpent pris de court mordrait plus facilement ce qui l'entourait, et si elle le blessait sans le tuer, elle l'irriterait encore plus.

Par chance, elle venait de trouver un autre plan, plus susceptible de fonctionner.

— Tenez le coup. Je ne pars pas, je cherche juste une... Aaaah !

Elle venait de trouver ce qu'elle cherchait. Elle fit quelques pas en avant et se pencha pour ramasser une branche morte, d'à peu près un mètre de long et d'une quinzaine de centimètres de diamètre. Mais plus important encore, elle se terminait en un V d'une longueur de trente centimètres.

En la voyant faire, George lui demanda en gémissant :

— Qu'est-ce que c'est que ça ? Tu vas avoir besoin d'un plus gros bâton si tu veux tuer cette chose.

— Je ne compte pas le tuer, répliqua Faith calmement, en s'approchant de la plate-forme de George, aussi doucement et précautionneusement que possible.

Elle ne voulait pas que le serpent l'entendît arriver et paniquât.

— Je vais me servir de cette branche fourchue pour le piéger. Si j'arrive à l'attraper juste derrière la tête, il sera incapable de la bouger et donc de vous mordre et vous pourrez vous échapper.

— Quoi ? grogna George, incrédule. Arrête avec tes histoires. Trouve-moi juste un gros caillou pour m'écraser ce machin et le renvoyer en enfer.

— Non, ce n'est pas nécessaire, ça va marcher.

— Pas nécessaire ? On dirait que tu te soucies plus de protéger ce foutu serpent que de me sauver la vie. C'est quoi ton problème ?

Faith inspira profondément, et essaya d'ignorer son ton insultant.

— Ce n'est pas vrai. C'est le meilleur moyen. C'est plus sûr comme ça et personne ne doit être tué.

George aboya d'un rire court et amer.

— Oh, mon Dieu, c'est vraiment la meilleure. Vous les verts, vous croyez toujours tout savoir mieux que les autres…

Il bascula sur son autre genou, redressa légèrement les épaules, faisant tomber deux petits cailloux par terre.

— J'ai une bien meilleure idée, mon cœur. Tu fais du bruit pour faire diversion, en tapant contre un arbre avec ton bâton par exemple. Et je lui saute dessus, je shoote dedans pour l'éloigner avant qu'il n'ait eu le temps de me mordre.

— Non ! laissa échapper Faith, alarmée. Tu ne peux pas faire ça. Si nous l'agaçons trop, il va venir s'en prendre à l'un d'entre nous.

— Pas si je l'ai en premier, murmura George, en serrant la poignée de la valise un peu plus fort.

Malgré son discours audacieux, il ne semblait pas très enthousiaste à l'idée de mettre son *plan* à exécution.

Faith soupira, tellement frustrée par ses fanfaronnades qu'elle était prête à abandonner. Il valait peut-être mieux courir vers la plage pour trouver du renfort. George écouterait sans doute plus facilement quelqu'un comme Jack – un homme, un leader naturel, quelqu'un qu'il respectait…

A cet instant, le genou de George se déroba sous lui, projetant encore quelques cailloux vers le bas. Il se rattrapa in extremis, mais la vipère se tendit et redressa la tête. Il se figea alors en regardant le serpent avec terreur.

Faith avala sa salive. Elle n'avait plus le temps de courir chercher de l'aide. George était trop effrayé et impulsif de nature ; si elle partait, elle était presque sûre qu'il tenterait quelque chose de stupide, juste pour mettre fin à ce terrible calvaire. Pour l'instant, son sang-froid tenait du miracle. Elle devait être forte, rester ici et tâcher de l'aider, quoi qu'il advînt. Mais s'il paniquait et faisait n'importe quoi malgré tout ? Et bien, elle aviserait, point.

— Bon, écoutez-moi bien, dit-elle à George brusquement, en essayant de prendre un ton autoritaire. On va faire ça à ma façon. Je veux que vous restiez aussi immobile que possible, jusqu'à ce que je vous fasse signe, d'accord ? Ne bougez pas, n'essayez pas de lui donner un coup de valise, ou quoi que ce soit. S'il mord l'un de nous deux…

Elle grimaça légèrement en se rappelant les statistiques concernant les morsures de ce type.

— Disons simplement, reprit-elle, que sans sérum antivenin, nos chances de nous en sortir seraient maigres…

— Comme tu voudras, murmura-t-il, visiblement hypnotisé par le regard de l'animal.

Elle hésita, l'observa pendant une ou deux secondes. En était-il capable ? Resterait-il immobile et calme jusqu'à son signal, ou bien paniquerait-il et se condamnerait-il, et probablement elle avec, à une mort horrible et douloureuse ? Il ne lui faisait clairement pas confiance, ni à elle ni à son plan. Et elle ? Pouvait-elle se fier à lui ?

Il n'y avait qu'un moyen de le savoir. Elle serra le bâton et se pencha en avant…

20

Arreglo chancela, se tenant la poitrine. Son visage arborait de la surprise, de la confusion et de la souffrance. Il ouvrit la bouche, mais aucun son n'en sortit – juste une petite bulle de salive qui pendit à sa lèvre inférieure pendant un moment. La seringue se décrocha et tomba bruyamment sur le sol.

Faith se glaça d'horreur en voyant les jambes du Docteur se dérober. Il tomba sur le sol de tout son poids, et sa tête cogna violemment le coin de la table basse.

— Oscar ! cria-t-elle. Qu'est-ce que tu… ?

En un éclair, Oscar s'était jeté sur elle. Il lui couvrit la bouche d'une main et lui murmura à l'oreille :

— Pas un bruit. On est super bien tombés, avec cette énorme suite de luxe. Les gardes dehors ne peuvent rien entendre, à condition que tu ne fasses rien de stupide, comme crier par exemple.

Les yeux grands ouverts, Faith secoua la tête. De toute façon, elle n'était pas vraiment du genre à hurler, et il le savait. Lorsqu'elle était vraiment effrayée, elle perdait la voix et parvenait tout au plus à émettre un petit glapissement affolé.

Oscar desserra son étreinte.

— Promis ? Pas de cri ?

Elle hocha la tête et il la libéra. Elle se précipita

immédiatement sur Arreglo. Il avait les yeux révulsés, sa poitrine se soulevait difficilement, et sa respiration était courte et haletante. Il était inconscient.

— Qu'est-ce que tu as fait ? s'exclama Faith, ne comprenant toujours pas ce qui venait de se passer. Oscar, qu'est-ce que…

— Tu ne saisis toujours pas ? répondit-il, visiblement content de lui. Tu es censée être intelligente, mademoiselle la Doctorante.

Le regard de Faith se posa sur la seringue gisant près de l'épaule d'Arreglo. Un mince filet de sang courait sur le sol, juste à côté, s'infiltrant dans les fibres du tapis clair de la chambre.

— C'était quoi, ça ?

— Du venin de serpent, répondit-il fièrement. Plutôt bien choisi, non ?

Il haussa les épaules pour ajouter :

— Bon, il y avait aussi une dose de tranquillisant surpuissant dedans ; je ne voulais pas qu'il se débatte ou fasse du bruit pendant que le venin faisait effet…

Faith restait immobile. Rien de tout cela n'avait de sens.

— Mais où as-tu trouvé… ? Pourquoi… ?

Elle sentait que son esprit commençait à s'engourdir. Elle secoua énergiquement la tête ; ce n'était pas le moment de paniquer.

— Peu importe, s'exclama-t-elle. Nous devons l'aider ! De quelle espèce de serpent s'agit-il ? Nous devons trouver un sérum et…

— Non.

Il mit une main sur son épaule et la serra fermement, l'empêchant ainsi de se lever et d'atteindre la porte du couloir.

— Attends, tu ne peux pas sortir, continua-t-il.

Qu'est-ce que tu crois qu'il va se passer si des gens entrent ici et voient ça ?

Il fit un geste vers Arreglo qui cherchait toujours de l'air, comme un poisson échoué sur une plage.

— De quoi tu parles ? cria Faith, perdant un peu pied.

Elle était complètement dépassée par les événements – rien dans sa vie ne l'avait préparé à une telle situation. Elle eut soudain la sinistre et vertigineuse sensation d'être au milieu d'une scène de film ou quelque chose comme ça.

— Oscar, je ne comprends toujours pas ce qu'il se passe !

Il se mit à soupirer, et elle reconnut ses gestes ordinaires d'impatience.

— Fais marcher tes neurones, bébé. Tu ne peux pas être aussi bête, non ? Tu crois vraiment que la LIA financerait ces voyages hors de prix, juste pour que nous défilions avec trois pancartes devant le siège ? Hors de question. C'est *ça* la vraie raison de notre présence ici. La LIA veut lancer un message à tous ceux qui pourraient choisir de se compromettre avec les Grands Méchants Loups du Marché. Nous avions ce projet en tête depuis le premier jour où Arreglo a annoncé avoir passé cet accord.

Faith se boucha les oreilles, refusant d'en entendre plus. Tout cela n'avait aucun sens ; aucun. Elle ne pouvait supporter d'être impliquée là-dedans. Elle détestait ne serait-ce que lire ce genre de faits divers dans les journaux. Et Oscar… elle le regardait en se demandant ce qu'elle savait de lui en fin de compte.

Elle tentait de respirer calmement, pour ne pas céder à la panique, mais sa gorge s'était serrée et l'air ne passait plus. Devant elle, le corps d'Arreglo se contracta convulsivement et laissa échapper un gémissement profond.

Oscar se baissa, attrapa la seringue et la regarda à la lumière. Faith vit qu'il restait du liquide à l'intérieur.

— Oups, je crois que je ne lui ai pas tout injecté…

Il jeta un regard à Arreglo et haussa les épaules.

— Il semblerait que la dose ait suffi pourtant.

Il plaça un cache sur l'aiguille et glissa la seringue dans sa poche de pantalon.

Tandis que le docteur luttait pour respirer, Faith s'efforçait de garder ses esprits. Elle savait bien que chaque seconde passée pouvait être cruciale pour sauver Arreglo. Pourtant, elle ne parvenait ni à agir ni à penser, se contentant de fixer le Docteur, comme figée par l'horreur.

— Bon, maintenant, il faut partir d'ici, reprit Oscar en prenant le coupe-vent et en l'agitant devant elle. Suis-moi, et ne tente rien de stupide. Ces abrutis dehors savent que je ne suis pas celui qui ait fait passer la seringue – ils m'ont fouillé tu te souviens ? Alors quand ils découvriront ce qui s'est passé ici, ils se diront que c'était toi.

Il eut un petit sourire satisfait et remit ses lunettes noires.

— Souviens-toi de ça au moment de sortir, bébé.

— Mais je n'ai pas…

Elle commença à protester, et puis se souvint l'avoir vu fouiller dans son coupe-vent, juste après être entrée dans la suite.

— Tu l'avais mise dans ma poche, c'est ça ? l'accusa-t-elle, frappée par la vérité, comme un coup de poing au ventre. Tu t'es débrouillé pour prendre ce manteau parce que tu savais qu'ils ne me fouilleraient probablement pas.

— Bingo.

Oscar sourit, et remit son chapeau, le baissant pour qu'il lui couvre presque la totalité du front.

— Ça y est, tu commences à capter !

Il l'attrapa par le bras et l'aida à se lever.

— Allez, maintenant, on s'en va. Mieux vaut ne pas traîner. Nous devons nous tirer d'ici avant que quelqu'un le trouve.

L'esprit de Faith se rebellait contre tout ce qui était en train d'arriver. Il semblait s'être arrêté au moment où Arreglo serrait la main d'Oscar, comme s'il refusait d'accepter tout ce qui s'était passé ensuite. Si seulement la réalité pouvait disposer d'un bouton cosmique de retour en arrière… Elle restait sur place, les yeux rivés sur Arreglo. Il devait lui avoir administré une sacrée dose de venin. Peut-être était-il même trop tard pour l'aider.

— Allez ! souffla-t-il.

Cette fois, sa voix s'était faite plus pressante.

— Qu'est-ce que tu attends ? Au cas où tu n'aies pas remarqué, tu es devenue une criminelle en cavale désormais.

Ces mots percèrent un peu le brouillard.

— Moi ? cria-t-elle. Mais je n'ai rien fait de mal !

Oscar éclata de rire.

— C'est peut-être vrai, bébé, mais qui te croiras ? Pour ceux qui sont à l'extérieur de cette pièce, tu passeras pour complice. C'est toi qui nous as donné accès aux appartements d'Arreglo, ensuite tu as fait passer le venin en douce – et puis c'est toi-même qui t'es chargée de l'extraction du venin sur les serpents, tu te souviens ?

Faith ferma les yeux, se rappelant soudain avoir effectivement procédé à la traite des reptiles la nuit précédente, au laboratoire. Elle croyait contribuer à la lutte contre le cancer. Mais au lieu de ça…

Oscar n'avait pas fini.

— En plus, si tu es arrêtée, qui viendra te payer ta caution et un avocat décent ?

Il la ridiculisait, la dévisageait du haut de ses lunettes noires.

— Personne ne sera là pour toi. Tu n'as plus que moi, bébé.

Ses mots lui semblèrent d'une certaine façon plus cruels que jamais. Oscar savait qu'elle n'avait pas de famille, personne sur qui compter en cas de coup dur, à part elle-même. Arreglo, lui, avait été la personne la plus proche d'elle ces dernières années, avec Oscar aussi bien sûr, enfin c'est ce qu'elle avait cru. A part eux deux, il n'y avait personne. Plus personne.

Voyant son univers s'écrouler, elle ne put résister à Oscar qui la traînait jusqu'à la porte. Elle traversa le long couloir machinalement et s'arrêta devant la porte d'entrée.

— Souviens-toi : joue le jeu, lui souffla-t-il à l'oreille.

Ensuite, il ouvrit la porte. Les gardes, qui s'étaient adossés au mur se redressèrent immédiatement.

— Tout va bien ? demanda l'un d'entre eux. Vous avez, heu… fini plus tôt que prévu.

Le rire d'Oscar sembla parfaitement normal.

— Ne vous inquiétez pas, les gars, souffla-t-il avec un clin d'œil complice. Je ne raconterai pas au patron que vous étiez en train de vous la couler douce.

Il fit un signe vers Faith.

— Non, en fait, la petite dame, ici, nous a fait un malaise. Elle supporte mal les hauteurs, et la grande baie vitrée l'a faite un peu flipper je crois.

— Désolée d'entendre ça, mademoiselle, dit le garde, en souriant à Faith.

— Sinon, le Docteur Arreglo nous a demandé de vous passer le message qu'il voudrait faire une sieste avant son prochain rendez-vous, poursuivit Oscar d'une voix toujours légère et nonchalante. Il souhaiterait que vous ne fassiez entrer personne avant l'heure, d'accord ?

— Pas de problème, répondit le garde en haussant les épaules. C'est lui le chef, non ?

— Ouais ! conclut Oscar en riant de nouveau et en tapotant amicalement l'épaule du garde. A plus tard les gars.

Resserrant sa prise sur Faith, il la conduisit jusqu'à l'ascenseur. La porte s'ouvrit quelques secondes après qu'il eut pressé le bouton, et il la secoua doucement pour la faire entrer dans la cabine.

Elle se retourna pour faire face au couloir, d'un geste lent. Elle était perdue dans ses pensées. Les portes de l'ascenseur se refermèrent.

21

Les yeux de George étaient grands ouverts et remplis de peur. Après lui avoir jeté un dernier regard plein d'anxiété, Faith retourna son attention vers le serpent. Elle évalua soigneusement la distance la séparant du bord de la plate-forme rocheuse. Elle s'inquiétait toujours des gestes impulsifs et stupides que pourrait faire George, mais elle faisait de son mieux pour écarter ce genre de pensée de son esprit. Elle devait se concentrer et faire son possible, quoi qu'il advînt.

— Doucement, murmura-t-elle, sans trop savoir si elle s'adressait au serpent, à George, ou à elle-même.

C'était sans doute un peu des trois.

— Doucement, toi…

Elle fit un autre pas en avant, puis un autre, et avança ainsi jusqu'à se retrouver à moins d'un mètre du bord extérieur de la pointe rocheuse. A cause de la pente, celui-ci était un peu plus bas qu'elle ne l'avait d'abord cru. A peu près à sa taille. Serrant son bâton des deux mains, elle le hissa à hauteur d'épaule et fit un pas de plus.

A cette distance, désormais, elle était à la portée d'une morsure. Mais le reptile continuait pour l'instant à fixer George, ne remarquant visiblement pas, ou ne s'intéressant pas à Faith.

Elle fit une pause, prête à agir. Y parviendrait-elle ? Bien qu'elle eût toujours un infini respect pour les serpents, celui-là ne l'effrayait pas plus que ça – elle s'était tirée de situations bien plus périlleuses par le passé. La perspective d'un éventuel échec, par contre, lui serrait la gorge et ébranlait son corps entier. Elle lui traversa l'esprit en Technicolor. Elle pouvait riper, le bâton pouvait se casser, ou glisser sur le rocher…

Si le serpent se tournait vers elle, la situation serait grave sans être désespérée : elle savait exactement à quoi s'attendre dans ce cas. Mais s'il s'attaquait à George et plantait ses crochets dans son visage ou à son cou par exemple, il serait perdu. Elle n'était pas certaine de pouvoir supporter le poids de la culpabilité. Elle aurait une mort de plus sur la conscience encore une fois à cause d'une erreur de jugement… Pendant une seconde qui lui parut une éternité, elle eut l'impression qu'il serait préférable de rester là, immobile, à ne rien faire, plutôt que de prendre de tels risques.

Un petit perroquet coloré survola la scène, en chantant bruyamment, et tira Faith de sa rêverie. Elle remercia secrètement cet oiseau qui disparaissait déjà et se concentra à nouveau sur la tâche à accomplir. Elle ne savait toujours pas si elle pouvait se fier à George. Mais qu'importe ! Elle devait d'abord avoir confiance en elle. Après tout, c'était la seule chose qu'elle pouvait contrôler. L'*ancienne* Faith n'aurait peut-être pas pensé à ça, mais celle d'aujourd'hui, si.

Elle ne se laissa pas le temps de se raviser cette fois, et se fendit en avant, plaquant fermement le bâton contre le rocher. Le serpent se débattit violemment – une, deux, ou trois fois – tordant son corps de manière si frénétique que pendant une longue seconde, elle ne put dire si elle avait réussi ou échoué.

Et puis il s'immobilisa un instant avant de recommencer à se débattre, ce qui donna à Faith juste assez de temps pour constater qu'elle avait réussi. La large tête triangulaire de l'animal était retenue contre le rocher, piégée entre les deux branches de la fourche, au bout du bâton. Elle pressait aussi fort que possible. Elle ne voulait pas voir ses mains trembler ou le bâton glisser, mais elle ne pouvait pas non plus serrer trop fort, de peur que la fourche ne se casse en deux. C'était un jeu d'équilibre, un difficile compromis entre le trop et le trop peu.

— Maintenant, cria-t-elle brusquement à George, qui était resté sans bouger. Allez-y ! Sautez par-dessus.

Mais George restait immobile. Qu'attendait-il donc ? Elle quitta le serpent des yeux juste assez longtemps pour le voir, les yeux fixés sur l'animal, le visage décomposé.

— Oh, non, murmura-t-elle.

L'attaque de Faith et les mouvements furieux de l'animal avaient eu raison du peu de courage qu'il lui restait. Il était de toute évidence trop terrifié pour faire un geste, même pour se sauver. Qu'était-elle supposée faire maintenant ?

— George ? essaya-t-elle. Hé, George, réveillez-vous, d'accord ?

Il ne répondit pas et ne bougea pas non plus. Elle déglutit difficilement, toujours attentive à la pression qu'elle exerçait sur le bâton. Le serpent se débattait, d'un côté, de l'autre, fouettant les bras et les jambes de Faith avec bruit. Mais elle ne sentait presque pas la douleur. Une fois encore, elle était perdue, ne sachant comment gérer cette situation qu'elle n'avait pas du tout anticipée.

Mais elle s'interdit de paniquer cette fois-ci. Elle repéra une grosse pierre ovale en bas du rocher, à côté de son pied droit. Elle devait faire la taille d'un pamplemousse allongé – c'était bien assez pour écraser la tête du serpent. Elle pourrait sans trop de difficulté se baisser pour attraper la pierre d'une main, tout en maintenant le bâton de l'autre. Et il serait encore plus simple de tuer le serpent alors qu'il était pris au piège.

Mais cette simple pensée lui donna un haut-le-cœur. Pourquoi la vipère devait-elle être sacrifiée à la lâcheté de George ? Ses mains furent secouées de tremblements alors qu'elle se remémorait la jolie petite araignée qu'il avait écrasée sans état d'âme. Et puis il y avait le nombre incalculable d'animaux qui devaient avoir été déplacés par ses projets de développement – des oiseaux, des reptiles, des lapins, des cerfs, des insectes, des araignées, des poissons et tant d'autres. Et ces gens ? Avaient-ils eu ne serait-ce qu'un soupçon de pitié ou de culpabilité vis-à-vis de ces animaux ? Avaient-ils même pensé à eux une seconde ?

Elle savait ce qu'Oscar lui aurait conseillé de faire…

— Je ne suis pas Oscar, murmura-t-elle férocement, en secouant la tête, comme pour l'effacer de sa mémoire.

Elle *tenait* au serpent, c'est vrai. Mais elle appréciait George aussi. Même après tout ce qui s'était passé. Il était avant tout un être humain, comme elle.

Elle tendit un orteil jusqu'à atteindre la pierre et la poussa vers elle du bout du pied. Elle la conservait au cas où – et elle savait qu'elle l'utiliserait si nécessaire. Elle était suffisamment forte et ferait de son mieux pour sauver la vie de George.

Et elle était toute aussi résolue à ne pas abandonner ses principes sous prétexte que les choses se compliquaient. Elle croyait encore au compromis, et voulait d'abord être sûre d'avoir épuisé toutes les autres possibilités…

22

— Ecoute, je t'avais prévenue : pas de compromis, pas de retour en arrière, grogna Oscar, d'un ton suffisant, alors qu'il refermait la porte de leur chambre d'hôtel derrière lui. Quoi qu'il en coûte – la survie du mieux adapté, bébé.

Faith n'en croyait pas ses oreilles. Oscar était là devant elle, défendant son point de vue comme s'il s'agissait de discuter de ce qu'ils allaient commander pour le dîner, ou bien du candidat pour qui il voterait à la prochaine élection. Comme s'il n'avait jamais tué cet homme…

Elle se souvenait à peine du moment où ils avaient quitté la suite d'Arreglo, ou bien traversé le lobby, ou encore pris un taxi pour rentrer à leur hôtel. Mais maintenant qu'ils étaient de retour dans leur chambre, son esprit commençait à émerger du profond sommeil dans lequel il était resté jusque-là. Elle se dirigea vers le lit, les jambes engourdies, effarée par l'énormité de ce qui venait de se produire. Faith s'assit doucement sur le bord du matelas. Elle sentait son cœur battre violemment ; des larmes menaçaient de couler. Elle avait mal à la tête, au cœur, au ventre. Elle souhaita un instant retrouver la torpeur anesthésique et donc sans douleur dont elle venait de sortir.

— Ce ne peut pas être réel, murmura-t-elle désespérément. Oscar, je t'en prie, explique-moi ce qui est en train de se passer, parce que là, je suis perdue.

Elle le regardait fixement, espérant que, contre toute attente, il lui dît quelque chose qui l'aiderait à comprendre. Une quelconque explication, une information qui contribueraient à donner un sens à cette folie. Tout pouvait encore s'arranger et bien finir.

— Tu sais déjà tout, répondit-il en sortant la seringue de sa poche et en la posant soigneusement sur le buffet. Tout s'est déroulé comme prévu. On préparait l'événement depuis un moment déjà. On a commencé à y songer avant même que l'on se rencontre tous les deux. C'est comme… le destin.

Il enleva ses chaussures et s'affala sur le lit.

Le cerveau de Faith semblait toussoter comme le moteur encore froid d'une voiture, un matin d'hiver. Pourtant, elle commençait à établir certains liens qui auraient sans doute dû lui sembler évidents bien plus tôt.

— Attends… Alors tu connaissais tous ces gens avant le voyage ? Mo, Rune, Junior…

— Bien sûr.

Il jeta son chapeau et ses lunettes dans un coin du lit, et la regarda.

— Essentiellement par Internet, en fait. Mais nous sommes tous membres de la LIA au départ. Naturellement, seuls ceux vraiment dignes de confiance étaient impliqués.

— Et quand nous nous sommes rencontrés tous les deux… Tu cherchais juste quelqu'un qui connaissait Arreglo ? Quelqu'un qui te permettrait de t'approcher de lui ?

— Mais tu es beaucoup plus que ça désormais, bébé.

Il lui lança ce qu'elle supposa être un sourire rassurant.

— Tu n'étais pas seulement idéale pour ce rôle : tu t'es révélée être une petite amie très agréable, aussi.

Il s'approcha d'elle sur le matelas, par petits bonds, et lui déposa un rapide baiser sur la joue.

— J'ai donc modifié le plan initial pour que tu ne sois pas la seule à encaisser les coups.

Son corps tout entier fut parcouru d'un frémissement. Elle le repoussa.

— Vous aviez prévu de me faire porter le chapeau pour toute cette histoire ?

— Bah oui. Elle n'en prenait que plus de sens, non ? Mais quand j'ai commencé à passer un peu plus de temps avec toi, j'ai pris la peine de t'observer plus en profondeur. Tu as un super potentiel. En fait, nous avions prévu de te révéler nos plans une fois que nous t'aurions estimée prête à les entendre.

Il haussa les épaules.

— Bon, évidemment, ce ne fut pas le cas, alors on est passé au plan C. Enfin bref, tu finiras par te convaincre que c'était la meilleure chose à faire, j'en suis sûr. Et tout sera cool.

Elle frémit à nouveau, horrifiée de constater à quel point il s'était trompé sur elle tout ce temps où ils étaient ensemble. Que savait-il vraiment d'elle ? Faith ne croyait pas trop aux histoires d'âmes sœurs, mais elle pensait qu'au moins, ils se comprenaient un peu. Désormais, il lui semblait qu'ils s'étaient contentés de voir ce qu'ils voulaient – des deux côtés. Comme s'ils avaient coexisté, tout ce temps, sur des plans de réalité parallèles sans jamais se rejoindre.

— De toute façon, ce qui est fait est fait, non ?

Oscar commençait déjà à se désintéresser de cette conversation.

— La LIA va nous fournir une nouvelle identité à tous les deux, ici en Australie, pour que nous puissions disparaître, probablement en Malaisie ou un autre pays dans le style, et n'être jamais rattrapés. Pour cette partie du plan aussi tu as le profil idéal.

Il lui caressa doucement le nez.

— Tu ne vas manquer à personne, et personne ne se demandera trop longtemps ce que tu es devenue ni pourquoi tu ne viens plus en cours.

Faith était presque sûre qu'il n'essayait pas d'être cruel cette fois, pourtant, son commentaire lui brisait le cœur. La colère montait en elle, brûlante et douloureuse. Elle avait toujours détesté les conflits, mais brusquement, son âme en réclamait un. Elle avait envie de bondir sur Oscar, de l'attraper à la gorge et pour qu'il réalise la portée de son acte…

Ces sentiments l'effrayèrent, et elle jeta inconsciemment un regard vers la fenêtre, dans l'espoir de trouver un moyen de s'échapper. A ce moment-là, un pigeon s'approcha gracieusement pour se poser sur le rebord, détournant un peu son attention. Elle toisa ses plumes grises soyeuses, alors qu'il déambulait.

Pense avec ta tête, pas avec ton cœur.

Les mots de sa sœur surgissaient dans son cerveau, comme souvent lorsqu'elle traversait des moments difficiles. Combien de fois Gayle lui avait-elle répété ce conseil, en général trop tard pour qu'elle puisse le suivre ?

Mais cette fois elle avait encore le temps. Faith réalisait qu'elle devait mettre la phrase à exécution, là, maintenant, tout de suite. Malgré ce mélange étouffant de trahison, d'horreur, de tristesse et d'humiliation, qui lui donnait l'envie d'exploser en un torrent de colère et de se ruer sur le visage d'Oscar, elle devait rester calme pour s'en sortir. Le jeune homme venait de lui montrer combien il pouvait se montrer cruel et impitoyable, et il était loin d'être idiot. S'il pensait une seconde qu'elle pourrait le dénoncer, ou perturber son plan, il serait capable du pire. Elle devrait le manœuvrer aussi prudemment qu'un serpent à sonnettes prêt à mordre.

Elle réalisa qu'il la dévisageait, et posa une main sur son front.

— Il… il faut que j'encaisse tout ça, murmura-t-elle faiblement en prétendant être troublée.

Sa performance d'actrice n'était pas encore au point : Faith se sentait effectivement encore un peu étourdie et elle n'était pas encore tout à fait sûre d'évoluer dans un monde bien réel.

— C'est si brusque. Je… je vais avoir besoin d'un peu de temps pour me faire à tout ça…

— Prends tout le temps qu'il te faut, bébé.

Son visage s'éclaira. Il lui pinça le genou.

— Je suis là pour toi. Tu verras, on va s'en tirer ensemble, et tout va très bien se passer.

— Merci.

Elle se força à sourire, en prenant soin de garder une voix normale. Du coin de l'œil, elle aperçut la seringue posée sur le buffet à quelques pas d'elle.

— Je crois que je vais aller me passer un peu d'eau sur le visage.

— Vas-y.

Oscar lui fit un petit signe. Tous ses gestes étaient courts et précipités.

Faith se leva, espérant que ses jambes ramollies ne se déroberaient pas sous son poids. Glacée de peur, elle se dirigea doucement vers la salle de bains. En arrivant devant le buffet, elle s'arrêta une fraction de seconde à côté de la seringue mais la laissa là et continua jusqu'à la salle de bains.

Elle se sentit un peu plus en sécurité une fois hors du champ de vision d'Oscar. Faith laissa la porte entrouverte pour ne pas éveiller ses soupçons, ouvrit le robinet et se passa de l'eau fraîche sur le visage qui l'aida à s'éclaircir les idées et à se sentir mieux. Elle disposait d'un peu de temps pour réfléchir à ce qu'elle ferait ensuite.

La voix d'Oscar lui parvenait depuis la chambre d'à côté.

— Si tu restes avec moi, tu ne vas pas le regretter, bébé. On est dans cette histoire ensemble, c'est comme ça. On est une équipe désormais. Pour toujours.

Rien ne dure « toujours ».

Gayle le répétait souvent avant sa mort. En levant la tête, Faith se regarda dans le miroir. Ses grands yeux ambrés, les mêmes que ceux de sa sœur, lui rendaient son regard, mais ne lui disaient pas comment agir.

Quand elle sortit de la salle de bains, Oscar lui tournait le dos, assis au bord du lit et fouillait dans sa valise béante à ses pieds. Un fois encore, elle s'arrêta à côté de la seringue. Elle n'avait qu'à faire un geste pour l'attraper – elle pourrait planter l'aiguille dans le cou d'Oscar ou dans son épaule avant qu'il réalisât ce qu'elle faisait. Si le tranquillisant et le venin faisaient leur effet, personne ne le trouverait avant longtemps et elle serait déjà loin.

Mais elle refusa de mettre ce plan à exécution et s'éloigna de la seringue. Elle était incapable de se conduire de la sorte, même en pareilles circonstances, et même avec lui.

Au lieu de ça, elle saisit le sceau à glace en métal sur le buffet à côté d'elle. Elle devait agir le plus vite possible pour ne pas perdre son courage. Faith bondit en avant et le frappa à la tête le plus fort possible.

— Hé… Je… lâcha-t-il, surpris.

Puis il s'écroula comme une marionnette dont on aurait coupé les fils, glissa du lit et s'étala lourdement sur sa valise ouverte en faisant un bruit sourd.

Faith se figea un instant, le sceau à la main, à regarder Oscar. Elle fut rassurée de voir qu'il respirait toujours : il était encore vivant. Mais elle s'attendait en fait à le voir se relever, secouer la poussière sur ses vêtements et se précipiter sur elle, furieux. Et tout serait fini…

Il ne bougea pas. Stupéfaite par ce qu'elle venait de faire, elle laissa tomber le sceau sur le lit et couvrit sa bouche des deux mains, pour ne pas vomir. Elle ne voulait pas non plus tomber dans les pommes. Et puis voyant que le temps jouait contre elle, elle enjamba le jeune homme, attrapa le téléphone, et, d'une main tremblante, composa le numéro de la police locale.

— A… Allô ? gémit-elle d'une voix à peine reconnaissable, même pour elle-même. Je voudrais rapporter un crime. La Convention Environnementale. Quelqu'un doit aller trouver le Docteur Arreglo immédiatement. Ne laissez pas les gardes de la sécurité vous arrêter. Il est très important qu'il reçoive une assistance médicale le plus vite possible. On lui a injecté du venin de serpent venimeux, dont j'ignore l'espèce, alors il vous faudra un kit d'identification ou un sérum polyvalent…

Elle ne savait pas s'il était trop tard ou non pour sauver Arreglo, mais elle devait au moins essayer.

— Je vois, répondit l'opérateur. Où se trouve la victime ?

Sa voix mêlait surprise et suspicion. Prise de panique, Faith ne put se rappeler le nom de l'hôtel d'Arreglo. Et puis il lui revint finalement à l'esprit.

— Très bien, poursuivit l'opérateur calmement. Et vous, où êtes-vous, mademoiselle ?

La gentille Faith du passé faisait toujours son lit, ses devoirs, respectait les personnes âgées, répondait toujours quand on lui posait une question. Mais la nouvelle Faith, piégée dans ce jeu étrange dont elle ne connaissait pas les règles, se ressaisit juste à temps.

— Hum, je... je suis à un autre endroit, bégaya-t-elle. Je dois y aller, bye.

Elle raccrocha immédiatement le téléphone, prise de panique à nouveau, comme si quelqu'un la regardait depuis la fenêtre. Elle s'approcha et vit un pigeon qui la fixait de ses grands yeux noirs. Il s'envola dans un battement d'ailes.

Faith se remit elle aussi en action. Elle ouvrit brusquement les tiroirs du buffet et commença à rassembler ses affaires dans sa valise le plus vite possible. Maintenant qu'elle avait fait le nécessaire pour aider Arreglo, il ne lui restait plus qu'à partir très loin et très vite. Une partie de son cerveau se doutait bien que ça ne s'arrêterait pas là comme ça, mais elle réglerait le reste plus tard.

Elle trouva un taxi qui la conduisit à l'aéroport. Sans prêter attention à la foule de voyageurs qui se pressaient autour d'elle, elle finit par atteindre le comptoir d'Oceanic Airlines.

— Je voudrais échanger mon billet, dit-elle à la femme qui l'accueillit. Vous avez un vol qui part avant ?

L'hôtesse regarda ses tickets.

— Je vois. Vous voulez rentrer aux Etats-Unis un peu plus tôt, c'est ça ?

— Oui, s'il vous plaît. Je dois rentrer à la maison maintenant – aujourd'hui. Vous avez d'autres vols ?

— Je vais voir ce que je peux faire.

L'hôtesse se pencha vers son ordinateur et pianota sur le clavier. Après un moment, elle releva la tête avec un sourire.

— Nous venons juste d'enregistrer une annulation sur le vol 815, qui décolle dans un quart d'heure. Ce doit être votre jour de chance.

23

Faith inspira profondément.

— Saute, imbécile ! cria-t-elle de toutes ses forces.

Elle parla si fort que les arbres les plus proches en tremblèrent ; des oiseaux effrayés s'envolèrent et d'autres créatures s'enfuirent. Elle n'était pas du genre à faire un tel vacarme d'habitude.

Mais l'effet fut immédiat.

— Hein ? grogna George, en sortant de sa stupeur muette.

Il s'enfuit à toutes jambes, butant presque dans le bâton de Faith. Juste à temps, il fit un pas de côté, mais glissa sur des cailloux, accrocha sa chemise dans les buissons, et tomba lourdement par terre.

— Ouch !

Il resta immobile quelques secondes avant de se remettre maladroitement sur ses jambes, et de s'éloigner précipitamment, en butant dans sa hâte, dans des pierres et des racines.

Faith le suivait du regard, par-dessus son épaule, tout en maintenant toujours une ferme pression sur le bâton. Elle voulait être sûre qu'il fût hors de portée avant de libérer l'animal.

Il s'arrêta en arrivant au bord de la clairière, et se retourna vers elle.

— Tue cette bête diabolique, cria-t-il d'une voix rauque.

Faith le regarda, puis jeta un coup d'œil vers le gros caillou à ses pieds. Elle le poussa loin d'elle d'un coup de pied, dans l'ombre de buissons broussailleux. Elle respira une dernière fois, lâcha le bâton et s'enfuit en courant le plus vite possible.

Le serpent lâcha un sifflement furieux, tourna sur lui-même, en position d'attaque. Mais ne voyant rien à portée de morsure, il se retourna presque immédiatement et rampa rapidement sur la pointe rocheuse pour disparaître dans une fissure de la falaise.

Faith reprit sa respiration après l'avoir retenue sans même s'en rendre compte. Elle entendit alors des cris venant de la jungle, derrière George. Elle se retourna et vit un petit groupe de survivants émergeant des arbres. Locke conduisait le groupe, suivi de Michael, Claire et de deux autres dont elle ne connaissait pas le nom.

— Qu'est-ce qu'il s'est passé ? demanda Claire.

Michael s'était précipité vers George.

— Nous vous avons entendus hurler depuis la plage… Est-ce que quelqu'un est blessé ?

Faith eut un mouvement de recul ; elle se préparait au commentaire de George : *Elle a laissé s'échapper un dangereux serpent – elle est folle…*

Mais lorsqu'elle leva les yeux vers lui, elle le vit qui lui souriait.

— Je vais vous dire ce qui vient de se passer.

Sa voix avait repris sa vigueur naturelle.

— Cette fille m'a sauvé la vie, voilà ce qui vient de se passer !

Tout le monde se mit à parler en même temps, voulant en savoir plus. Seul Locke se taisait, se frottant le menton, penseur. Son regard passait de Faith à George, puis l'inverse. Le rescapé de l'incident parlait vite, racontant brièvement la scène aux autres.

— Bon boulot, Faith, dit Michael en lui donnant une tape dans le dos. Très courageux.

Claire hocha la tête.

— Vraiment courageux, déclara-t-elle. J'ai croisé une vipère de la mort une fois, lors d'une randonnée dans le Bush. C'est vraiment une espèce effrayante.

George leva finalement une main pour réclamer le silence.

— Ecoutez, je voudrais dire quelque chose.

Il se tourna vers Faith.

— J'étais en bien mauvaise posture là-bas, et je ne sais pas ce qui serait arrivé si tu n'étais pas intervenue pour me sauver. Et après ce que... Bon, disons simplement que je n'aurais pas pu t'en vouloir d'ignorer mes appels.

Faith rougit. Claire se mit à glousser bêtement. Les autres échangeaient des regards.

George haussa les épaules.

— Bref, continua-t-il, je ne suis pas vraiment très doué pour dire ces choses-là. Alors je vais juste te dire merci, Faith. Tu es une personne honorable et courageuse – une bonne amie. Je ne l'oublierai jamais.

Ses yeux étaient sincères alors qu'il tendait la main.

— Je... heu... tu...

Elle était si surprise et touchée qu'elle ne sut pas trop quoi répondre. Elle se contenta de prendre sa main et de la serrer.

C'est alors qu'elle aperçut un plumage brillant à quelques mètres de là. Un moment, elle crut reconnaître la petite perruche qui s'était envolée au-dessus d'elle un peu plus tôt, mais en levant la tête, elle vit un oiseau bien plus grand disparaître dans les arbres. Son cœur ne fit qu'un bond.

— Excusez-moi, dit-elle à George et aux autres, précipitamment. Je reviens tout de suite.

Elle se mit à courir après l'animal, alors qu'il filait juste au-dessus du sol de la forêt. Elle traversa la jungle à toute allure, franchit plusieurs affleurements rocheux, longea un étroit et sinueux ruisseau. A un moment, le volatile prit tellement d'avance qu'elle crut encore une fois le perdre, et cette pensée lui brisa le cœur.

Mais, soudain, elle le retrouva dans une petite clairière couverte de mousse. Il était perché sur un rocher, lissant ses plumes colorées.

A bout de souffle, elle s'arrêta pour l'observer. Le soleil brillait sur la clairière, et elle put enfin admirer l'oiseau. Il leva la tête, bondit de son rocher, et sautilla sur quelques mètres, dans la clairière. Avec un gazouillement, il se retourna et remonta d'un bond sur son rocher.

Elle resta comme ça un moment, à le regarder. Et puis elle entendit un battement irrégulier au-dessus de sa tête. Elle leva les yeux juste à temps pour apercevoir une douzaine d'oiseaux identiques fondant sur la clairière depuis la voûte des arbres. Elle fut émerveillée de les voir se poser au sol comme une pluie de bijoux colorés ; ses oreilles étaient bercées par leurs chants mélodieux.

Bientôt, elle ne put distinguer le premier volatile du reste du groupe. Les perroquets sautillaient autour du rocher, se mélangeant et se confondant. Soudain, comme si l'un d'entre eux avait émis un signal inaudible, ils s'envolèrent tous d'un seul coup, avec douceur et légèreté, comme les multiples parties d'un organisme plus grand. Leurs ailes remplissaient l'air alors qu'ils s'éloignaient de la clairière, libres et vivants.

Faith sourit. Elle leva les yeux au ciel pour les regarder voler ensemble. Sans trop savoir pourquoi, jusque-là, elle s'était imaginée le perroquet vivant tout seul dans cette jungle, en solitaire. Elle était heureuse de constater qu'elle s'était trompée. Mais encore une fois, elle aurait pu le deviner. Après tout, la nature ne laissait que très rarement des créatures livrées à elles-mêmes.

Les oiseaux disparurent finalement derrière les arbres. Faith entendit des pas qui s'approchaient. Elle regarda par-dessus son épaule et aperçut Locke qui la rejoignait.

— Où sont les autres ? demanda-t-elle.

Il fit un signe en direction de la plage.

— Ils ont raccompagné George jusqu'au camp. Je crois qu'ils vont demander à Jack de lui faire un rapide check-up, juste pour être tranquille.

— Oh, répondit Faith en levant les yeux au ciel, cherchant à y apercevoir une dernière fois les oiseaux.

Mais elle ne vit rien. Malgré sa déception elle ne put se retenir de sourire. Locke suivit son regard.

— As-tu trouvé ce que tu cherchais ? demanda-t-il.

Elle hésita.

— Non, répondit-elle finalement. Pas vraiment. Cet oiseau, heu… ce n'était pas ce que je pensais. J'aurais dû savoir qu'on ne remonte pas le temps comme ça – retrouver quelque chose qui est perdu pour toujours… Je me sens un peu bête d'avoir dépensé tant d'énergie à lui courir après.

Locke secoua la tête.

— Tu n'as pas à te sentir idiote, Faith. Un endroit comme celui-ci… peut pousser les gens à voir ce qu'ils veulent voir.

Elle se retourna et le regarda. Il lui souriait, mais ses yeux semblaient chercher quelque chose bien plus loin.

— Tu as fini ? demanda-t-il après un moment. Je te raccompagne à la plage si tu veux.

— Oui, conclut-elle en jetant un dernier regard vers le ciel. Je suis prête, allons-y.

Achevé d'imprimer sur les presses de

BUSSIÈRE

GROUPE CPI

à Saint-Amand-Montrond (Cher)
en mars 2006

FLEUVE NOIR
12, avenue d'Italie
75627 Paris Cedex 13

— N° d'imp. : 60669. —
Dépôt légal : avril 2006.

Imprimé en France